바람의 붓질

바람의 붓질

초판 1쇄 발행 2025년 10월 30일

지은이 박석우
펴낸이 장현수
펴낸곳 메이킹북스
출판등록 제 2019-000010호

디자인 홍규선
편집 홍규선
교정 안지은
마케팅 김소형

주소 서울특별시 구로구 경인로 661, 핀포인트타워 912-914호
전화 02-2135-5086
팩스 02-2135-5087
이메일 making_books@naver.com
홈페이지 www.makingbooks.co.kr

ISBN 979-11-6791-774-4(03810)
값 12,000원

ⓒ 박석우 2025 Printed in Korea

잘못된 책은 구입하신 곳에서 바꾸어 드립니다.
이 책의 전부 또는 일부 내용을 재사용하려면 사전에 저작권자와 펴낸곳의 동의를 받아야 합니다.

메이킹북스는 저자님의 소중한 투고 원고를 기다립니다.
출간에 대한 관심이 있으신 분은 making_books@naver.com로 보내 주세요.

바람의 붓질

박석우 시집

메이킹북스

작가의 말

물기 어린 감자처럼 삶의 속살을 드러내는 글을 좋아했다.
어렸을 때부터 수필을 즐겨 읽었다. 수필이 주는 담백한 시선과 삶을 대하는 윤리적 태도에 마음이 끌렸다. 소설이 상상의 풍경이라면, 수필은 몸과 부딪는 현실의 단면이었다. 시는 언어의 농도 짙은 사색으로 다가왔고, 나는 그 밀도를 견디며 나의 일상을 한 줄 한 줄 적어내려 갔다.
평소 끄적이는 습관이 있었기에 이 산문시는 다름 아닌 나의 삶에서 길어 올린 기록이다. 갓 결혼한 서른다섯의 나를 시작으로 지금까지, 쉽게 버리지 못하고 품어온 글들이다. 언뜻 소소하고 개인적인 고백 같지만, 이는 내가 살아온 시간의 결이자, 삶의 윤곽을 드러내는 영혼의 궤적이다.
이 시집은 누군가의 시선에 닿기 위한 글이기보다는, 살아 있는 문장으로 나를 건네려는 작은 시도이다. 담백하게, 그러나 허물없이 드러내고 싶었다. 부디 이 글들이 당신의 일상에도 조용히 말을 걸 수 있기를 바란다.

2025년 10월
박석우

차례

작가의 말 ·· 5
들어가며 읽는 글 ······································ 10

Ⅰ 농막은 작은 앰프

옥수수의 잇몸 ··· 14
낮의 노래 ·· 15
보지 못한 얼굴 ·· 16
닭똥과 소똥 ··· 17
흙에게 말을 걸다 ····································· 18
밤의 간병인 ··· 19
곁순을 떼는 일 ·· 21
호랑이콩 ·· 23
농막은 작은 앰프 ····································· 24
단호박의 말 ··· 27
키질 ··· 29
장화를 닦으며 ··· 30
옥수수밭에 서고 싶다 ····························· 31
개다리소반을 지고 ·································· 32
토란 숲 ·· 34
빗소리 ··· 35
작은 연못 ·· 36
레지나 선생님 ··· 38

Ⅱ 흙밥과 불밥

토분	42
무리	44
흙밥과 불밥	45
내 마음의 뒷길	46
세렝게티에서 온 편지	47
하늘을 올려다보는 사람	50
물감 아래 묻힌 계절	51
처서 지나며	52
먼 산	53
벌판의 건축학	54
지우개 낙엽	55
비루한 셈법	57
살게야	58
커튼 뒤의 나무	59
동물원	61
사과처럼	63
마른 우물에게	65
따뜻한 뽈	67
선운사에서	69
로즈마리의 집	70
바람의 붓질	71

Ⅲ 자전거 다시 보기

양말을 신으며 …… 74
할머니 꺼, 그 한 그릇의 마음 …… 75
달빛 아래 부른 이름 …… 76
살아 있는 거리 …… 78
주름의 나이테 …… 79
진액 …… 80
연필의 발자국 …… 82
창문 앞에서 …… 83
안개의 리셋 …… 84
체크인 …… 86
소일거리 …… 87
후송된 미래 …… 89
생물 화장실 …… 91
자전거 다시 보기 …… 93
자전거가 서 있던 날 …… 95
꽈배기에게 길을 묻다 …… 97
탁주 …… 99
바람 이후 …… 100
수상한 생각 …… 101
날갯죽지 이야기 …… 102
이불, 그 거룩한 것 …… 103
해후 …… 105

목소리의 배후	106
선수 교체	108
깨짐의 방식	110
끝에서	111

Ⅳ 감자 선생님

밭 바람	114
母音停에서 여름을	116
법정의 수필을 읽으며	118
꽃으로 피어 있는 사람들	119
은비늘의 시절	121
감자 선생님	123
호미의 등뼈	125
분양의 조건	126
풀뿌리	127
숨 길	129

[해설] 인생을 특별하게 바라보는 시집 ………… 130
- 교감(交感), 감응(感應), 사색(思索), 견자(見者)의 시편
장인수 | 시인

들어가며 읽는 글

1. 흙사랑

2003년 여름, 가족과 함께 홍천으로 여행을 떠났다. 점심 무렵, 토속 음식점을 찾던 중 '흙사랑'이라는 표지판이 눈에 띄었고, 우리는 호기심을 안고 그 길을 따라 깊은 산속으로 차를 몰았다. 아이들은 배고프다며 칭얼거렸고, 아내는 이런 산중에 무슨 식당이 있겠냐며 걱정했지만, 일단 시작한 길이니 끝을 보자는 마음으로 30분 가까이 헤맨 끝에 드넓은 공터에 도착했다.

그곳에는 '이곳에 차를 세우고 걸어오세요. 차 소리에 닭들이 놀랍니다.'라는 안내문이 있었다. 차를 세우고 백여 미터쯤 걸어 들어가자 울타리도 없이 닭들이 클래식 음악을 들으며 자유롭게 뛰노는 풍경이 펼쳐졌다. 그야말로 닭들의 천국이었다. 하지만 아무리 둘러봐도 음식점 간판은 보이지 않았고, 대신 정성스레 가꾼 텃밭과 정갈한 집 한 채가 있었다.

그곳에서 김 선생님 부부를 처음 만났다. 식당은 아니었지만, 배고픈 우리 가족을 위해 선생님 부부는 정갈하고 건강한 밥상을 내어주셨다. 유정란 요리의 깊은 맛, 자연과 더불어 살아가는 삶의 향기와 단정함에 흠뻑 취해 돌아왔다. 그날의 '흙사랑'은 내게 농사를 짓는 미술교사로 살아가게 된 중요한 동기를 남겼다.

2. 밭 경전

밭은 나에게 문학처럼 다가왔다. 고랑과 이랑은 마치 한 문장씩 써 내려가는 필체 같았고, 감자는 백일을 품은 시처럼, 고구마는 계절을 통과하는 수필처럼 느껴졌다. 더덕은 몇 해를 묵혀야 드러나는 단편 같고, 호두나무는 긴 기다림 끝에야 읽히는 장면 같았다. 나는 그저 씨앗을 뿌리고, 거름을 더하고, 풀을 뽑고, 손으로 북돋아줄 뿐이지만, 그 과정 속에서 문장은 조금씩 다듬어져 갔다. 병이 들면 말끝을 고치듯 방향을 바꿔야 했고, 너무 무성하면 마음을 다잡듯 가지를 솎아내야 했다. 하지만 문학이라 하기엔 밭은 너무 깊고 크며, 나보다 훨씬 더 많이 알고 있었다. 하늘과 바람, 햇살과 흙이 조용히 뜻을 나누는 그 자리에 나는 겨우 마음 하나 얹어본다. 밭은 나에게 말없이 가르쳐주었다. 욕심을 부리면 무너지고, 정성이 부족하면 응답이 없다는 걸. 그저 묵묵히 보여주었다. 끄적거림으로 시작한 나의 시가 언젠가는 인생을 통찰하고 정리하는 내 마음속 경전이 되었으면 좋겠다.

# I 농막은 작은 앰프

옥수수의 잇몸

찜통 속에서 막 꺼낸 옥수수
아내 손끝에서 김이 피어오른다
껍질을 벗기니 노란 알갱이들이
들판처럼 웃고 있다
반을 뚝 자르자
옥수수의 잇몸이
내밀한 웃음을 밀어내고 있다
마치 속마음을 감추다
결국 웃음으로 터뜨리는 사람처럼
그 웃음은
한 철 내 등을 긁던 햇살과
아내의 굽은 손마디에서 비롯된 것
한 알 한 알이
참았던 말들을 대신하고 있다

낫의 노래

생상스 론도카프리치오소는
낫이다—
복숭아나무 밑 잡초를 후릴 때
붉은 가지 하나
바이올린 활로 돌변해
내 귓전을 흩뜨린다
봄녘
무디어진 날을 숫돌에 비빌 때도
그 음은 여지없이 슥삭거렸다
칼날이 아니라
청춘의 한 귀퉁이를 베는 소리처럼
숫돌이 낫의 몸을 벨 때
나는 무수히 넘어졌다
다시 일어나는 일조차 연주였으므로
낫이 풀을 자를 때
그 단면엔 낭만이 번지고
화선지처럼 스며드는 피멍의 음악
전봇대처럼 우뚝 섰던 마음들이
서걱, 베여 나가떨어졌다
남은 것들
주검처럼 늘어선
사춘기의 잔디밭 위에
낫은 아직도 연주 중이다

보지 못한 얼굴

매일 아침이면
연둣빛 숨결 하나씩
밭에서 따내던 날들
참 많이도 따먹었다
햇살보다 더 빨리 크던 애호박들
그런데 오늘은
어딘가 허전하다
눈길을 돌리다
문득 보았다
엄마 호박잎이
두 손처럼 펼쳐져
애호박의 얼굴을 가리고 있다
바람도 쉬고
벌도 비껴간 그늘 아래
작은 숨 하나 가만히 웅크리고 있었다
그래서 나는
못 본 척
조용히 돌아섰다

닭똥과 소똥

닭똥은 급하고 뜨겁다
먹은 것을 체내에 흡수하기도 전에
토해내듯 방출한다
그래서 냄새가 독하지만
그 속엔 살아 있는 열과
거름이 있다
소똥은 묵직하고 느리다
되새김의 시간을 몇 번이고
씹고 또 씹어낸 말의 흔적
그래서 냄새는 순하지만
깊고 오래가는 힘이 있다
닭과 소,
다른 방식의 표현이
서로의 밭에
거름이 된다
급한 말도
되새긴 말도
상대에게 닿는 순간
꽃이 되거나 열매가 되거나

흙에게 말을 걸다

농사는 씨앗부터 시작되지 않는다
농부는 먼저 흙과 인사를 나눈다
손바닥으로 눌러보고
한 줌 쥐어보고
그 안에 숨 쉬는 생명들의 기척을 듣는다
쿠바의 농부는 채소보다 먼저 흙을 내민다
벌레가 물고 간 잎과
지렁이가 지나간 터널이 말을 건다
욕심 많은 손이 거름을 부으면
흙은 숨이 막혀 썩는다
말 못하는 흙이 먼저 아프다
영양이 지나쳐도, 모자라도
뿌리는 길을 잃는다
그래서 농부는 기다린다
비가 스미고, 햇살이 누르고,
작은 생명들이 드나드는 길이 날 때까지
좋은 흙은 조용히 살아 있다
그러나 깊다
농부는 그 깊이를 믿고
그 위에 계절을 올린다

밤의 간병인

낮이 뜨거운 언어로 모든 것을 재촉할 때
잎은 입을 다물고
뿌리는 더 이상 자라지 않는다
폭염의 혓바닥은
채소의 뿌리마저 말려버리고
가뭄은 말 대신 침묵을 강요한다
말없이 견디는 것만이
이 계절의 예의인 듯한 날들
그러나 밤은
늘 아무 말 없이 들어와
지친 것들 곁에 눕는다
잎새 끝에 스친 이슬방울 하나
마르기 전의 숨결처럼
작고도 깊은 위로가 된다
한낮의 다툼과 미움과
조용히 쌓인 피로들이
근육 속에서 떨릴 때
밤은
빛을 등지고 다가와
몸에 남은 언성을 덮어주고
마음속 갈증에 물의 얼굴을 가져온다
입안의 쓴맛마저
하루치 인생 같다고 느껴지는 저녁

밤은 말없이
그 쓴 것을 삼킬 수 있게 해준다
베개를 베고 누운 생각들이
하나둘씩 손을 놓을 때
밤은 그 손을 잡고
우리 모두를 이완이라는 작은 배에 태운다
그리고 조용히
평화라는 바다를 건너게 한다

곁순을 떼는 일

주말마다 흙을 만진 지 열여섯 해
그러나 아직도 남의 밭 앞에 서면
고개를 끄덕이게 된다
나는 넝쿨을 자유롭게 뻗게 둔다
오이도 호박도 수박도
곁순을 떼지 않고
하고 싶은 대로 자라게 한다
꽃은 한꺼번에
폭죽처럼 피어나고
열매도 한꺼번에 쏟아진다
넉넉한 수확
이웃과 나눌 기쁨
하지만
그 풍요는 오래가지 않는다
넝쿨은 금세 지치고
잎은 마르고
계절의 한복판에서 수확은 끝난다
어느 날 다른 농부의 밭을 보았다
곁순은 정갈히 떼어지고
줄기는 한 줄기 외길을 간다
꽃은 늦도록 피고
열매는 천천히 맺히며
가을까지 바구니를 채운다

그 농사는 밥상 앞에서 웃게 하는 농사
조금씩 오래도록
고르게 이어지는 기쁨
문득 사람의 삶도 그렇다는 생각
곁가지를 품고 살아가는 사람
욕심 많고 화려하지만
지치고 시들기 쉬운 삶
한 줄기로 흐르는 사람
검소하고 소탈하게
자기 원기만큼만 쓰며
시냇물처럼 흘러가는 얼굴
그런 사람의 이마에는 기름기 대신
하늘이 내려앉고
그 마음은
텃밭처럼 조용히 익어간다
나도 이제
곁순을 떼어가며
조금 더 오래도록
맑은 열매 하나 키워볼까

호랑이콩

바쁨과 피곤을 잠시 벗어놓고
저녁 어스름을 뚫고 밭으로 달렸다
봄은 이미 한참 앞서가 있었고
호랑이콩을 심기엔 늦은 감이 있었다
그래도 나는 흙을 열었다
묵묵히 콩을 눕히고
씨앗마다 한 줌의 바람을 덮어주었다
해는 저물고
개구리 울음이 퍼지는 웅덩이에서
호미를 씻었다
집으로 돌아오는 길
첫 빗방울이 뺨을 건드렸다
밤새 비는 내렸고
내 안의 굳은살마저 부드러워졌다
그 비는 나를 기다려준 듯
늦은 씨앗을 감싸 안았고
다음 날도 내렸다
그 또한
행복이었다

농막은 작은 앰프

세상의 소란을 잠시 내려놓고
주말마다 흙에 손을 얹은 지 어느덧 스무 해
그 세월을 나눈 건 고작 여섯 평짜리 농막
그 작고 조용한 집은
내게 처음으로 생긴
'작은 세계'였다
햇살 한 줌이 스미는 창을 열면
세상은 나에게 말을 걸기 시작했다
동쪽은 아침의 목소리를 데려오고
서쪽은 해 질 녘 노을빛처럼
느리게 사라지는 시간의 끝자락을 보여주었다
북쪽은 한기를 품고 있지만
늘 솔직했고
남쪽은 가장 넓게 열리며
자연의 오케스트라를 통째로 끌어안았다
나는 이제 안다
이 농막은 단지 쉼터가 아니다
이곳은
나를 울리는 작은 앰프다
늦여름이 되면
풀벌레들이 연습도 없이 연주를 시작한다
귀뚜라미, 여치, 방아깨비, 메뚜기
이름도 생김새도 제각각인 존재들이

한밤의 악보 위에 저마다의 선율을 얹는다
나는 그 음량을 조절한다
가장 작은 창 하나 열면
가야금 줄처럼 섬세한 소리 한 올이 들려오고
중창을 열면 소리가 조금 더 몸을 갖는다
모든 창을 열어젖히면
농막은 더 이상 집이 아니다
동서남북이 하나로 열린 무대
소리의 강물이 교차하고
어둠은 조용히 객석이 된다
여치가 달려오고
귀뚜라미가 흘러가고
바람이 북쪽 창문에 귓속말을 남기고 간다
이 조용한 인산인해 속에서
나는 소리에 취한 채
몸을 내려놓는다
"이제 그만 잘까"
잠자리에 들 땐
작은 창을 반쯤 닫는다
풀벌레의 숨결이 베개 밑으로 낮게 깔린다
그 소리들은 내 잠을 지키는
가장 부드러운 이불이다
누군가는 스마트폰을 품고 잠들고

누군가는 도시의 불빛 속에서
침묵을 찾아 헤맨다지만
나는
이 작은 농막에서
가장 진한 소리의 세계를 품는다
세상에 없어진 앰프들
잊힌 턴테이블
추억의 소리 기계들이 사라진 자리에서
내 농막은 여전히
풀벌레와 바람과 별빛이 공명하는
아름답고 사랑스러운
세상에서 가장 큰 앰프다

단호박의 말

시든 줄기와 잎을 버리고
저 혼자 세상에 덩그러니 남은 단호박 하나,
주워 들자 얼굴이 쩍쩍 갈라져 있었다.
왜 그리도 상처가 많으냐 묻자
단호박이 허연 숨을 뱉으며 말했다.
"이제야 껍질이 단단해졌지.
눈물도 다 말랐어.
애호박 시절엔 바람만 불어도
풀잎 하나, 이웃 줄기 하나가
허리춤에 기대어
속절없이 흔들렸거든.
서로의 몸이 부딪히는 게
그리 고통일 줄은 몰랐지."
나는 물었다.
그럼 너의 상처는 모두 이웃이 남긴 것이냐고.
단호박은 잠시 웃더니,
"사실은 바람이 불 때마다
나 자신이
내게로 쓰러졌던 거야.
내 무게로,
내 중심을 못 이겨
내 안으로 스며든 금이었지."
나는 다시 물었다.

그게 상처냐고.
단호박은 조용히 대답했다.
"아니, 그건 주름이고,
주름은 시간을 이겨낸 훈장이야.
노인의 얼굴에 그늘이 새겨지듯,
나도 그렇게 철이 든 거지."
마지막으로 속은 괜찮냐고 묻자
단호박은 말없이
자기 안을 톡 터뜨렸다.
노란 속살 가득
알찬 씨앗들이
햇살처럼 반짝이고 있었다.

키질

늙으신 어머니
서리태 검은콩을 키에 담아 까부르신다
퇴화된 키의 어깻죽지가
아직도 불끈이며 푸드득거린다
바람이 일면
날아갈 것들은 날아가고
남을 것들은 묵직하게 남는다
어머니도 남았고
나도 남았다
나는 어머니가 고르고 고른
키 안의 콩알 하나
아버지가 흩뿌린 수많은 씨앗들 중
어머니는 나를 택하셨다
살아 있는 것들의 무게로
손바닥에 남겨진 하나의 결정
키의 조그만 닭날개가
날아오를 수 있었을까
아니
정말 날지 못한 건
날개 때문이 아니라
그 안에 담긴
작은 콩알 때문이었을 거야

장화를 닦으며

비가 와도 젖지 않는
오래된 장화 한 켤레가 있다
일할 때마다 가시에 긁히고
풀잎이 붙고
진흙에 빠졌다가 마르고
다시 땀에 젖기를 반복한다
그렇게 노동을 함께 견뎌온
내 오래된 장화는
해를 거듭할수록
색이 바래고 표면은 거칠어졌지만
속은 한 번도 젖은 적이 없다
일이 끝나면 나는
우물가에 앉아
남은 힘을 다해
장화를 수세미로 닦는다
진흙이 벗겨지고
깜짝 놀랄 만큼 깨끗해진다
그때마다 생각한다
사실 나도 그렇다
하루를 버티고
샤워기 아래 서면
겉은 지치고 흐려졌지만
속은 아직 단단히 마른 채
무언가를 지키고 있다.

옥수수밭에 서고 싶다

한 묶음 옥수수밭
그 푸른 기둥들은 매일같이
발가락을 수십 개씩 뻗어
광야를 번쩍 일으켜 세운다
언제 우리가 절망뿐인 벌판이었던가
책갈피가 넘어진 자리에서
한 문장이 벌떡 일어나듯
서로의 등을 쓰다듬으며
사랑한다고 말하며
푸른 무릎에 힘을 보탠다
엉덩이 푸른 아이들아 모두 모여라
삼지창 포크를 줄 테니
달맛을 볼까 별맛을 볼까
아니면 달국이나 별찌개라도 끓여보자
두려울 것 없는 옥수수밭의 청춘이
붉게 타오르던 수염 끝에서
노을처럼 잦아들지라도
어느 날
와하하하 하하하
튼튼한 이빨로 웃는 소리가
이 광야에 다시 울려 퍼질 것이다
그렇게
푸르게 서고 싶은
옥수수밭

개다리소반을 지고

교무실 옆자리
김 선생님께 말을 걸었다
창밖에는 젊은 봄이
오후의 옷으로 갈아입고 있었다
"선생님, 제 꿈은요
개다리소반 하나 등에 메고
봄나무 그늘 아래
한번 앉아보는 겁니다"
정말 그러고 싶다
봄은 언제나 나보다 먼저 도착해
깃털을 펄럭이며
어디론가 총총 가버리고 말았다
남들은 꽃놀이를 간다지만
나는 이랑을 세우고
씨앗을 뿌리는 손으로
봄의 뒷모습만 바라본다
그래서 결심했다
언젠가는 봄의 멱을 잡고
흔들고 말겠다고
아니, 그보다
봄을 가슴에 안고
한참을 뒹굴고 싶다고
나와 함께 봄을 꼬실 친구는

개다리소반이면 좋겠다
검은 옻칠이 반들반들 윤이 나고
발은 날렵하면서도 충직해
봄의 반려견 같은 상
술 한잔에 취하면
내 옆에서 멍멍 짖어댈지도 모른다
개다리소반은 지고 다녀야 한다
집에 갔다 오는 사이
봄은 또 떠나버릴 테니
보랏빛 라일락 그늘 아래
소반을 펴고 앉아
배불뚝이 옹기병 탁주 한 잔
꽃향기에 섞어 마시는 풍경
다시 짊어지고
개나리 아래
목련 아래
송화가루 날리는 샛노란 소낭구 아래까지
개다리소반과 함께 떠도는 순례길
봄이여
언젠가 나도
너의 발끝에 앉아
풍류를 나눌 수 있을까

토란 숲

여름 한낮, 태양에 쫓긴 짐승처럼
숨을 헐떡이며 토란밭으로 굴러들었다
700평 뙤약볕 아래,
모자와 긴팔로 방어했지만
몸속엔 불이 올라 뇌가 끓고
물 한 모금, 그 단순한 걸 잊고 있었다
그때 토란이 나를 안았다
이파리 넓은 팔로 햇살을 막고
서늘한 흙이 이마의 열을 걷어갔다
잎은 말없이 나를 덮고
그늘은 초록 천막처럼 하늘을 밀어냈다
나는 그 숲속에서 한 시간을 잠들었다
이 세상에서 가장 푸른 병실,
가장 조용한 숨결 속에서
토란은 조용히 나를 살리고 있었다
지금도 나는 안다
여름의 칼끝 아래,
진짜 나의 의사는
바로 그 푸른 잎,
나 대신 땀 흘려준 토란이었다

빗소리

비 오는 날, 밭은 쉰다
삽자루 내려놓고 농막에 앉아
멍하니 비를 듣는다
비엔 두 가지 소리가 있다
받아들이는 소리와 튕겨내는 소리
콩밭은 비를 끌어안는다
잎마다 물방울이 스며들며
속삭이듯 토닥이는 소리
숲의 나무들도 고요히 젖는다
가늘게 내리는 비를
몸으로 받아 적는다
반면 도시의 비는
시멘트, 우산, 스틸지붕에 부딪혀
툭, 퉁, 탁, 거절의 소리를 내며
하수구로 바쁘게 빠져 나간다
오늘도 농막 앞 우물 연못이
빗방울을 맞이하고 있다
비는 물 위에 살포시 떨어지고
수면은 물수제비처럼 퍼진다
그 파문은 놀란 동그란 엄마 눈
쌍꺼풀 물살이 속삭인다
"괜찮아, 이리 와"
그리고 빗방울을
조용히 품 안으로 슥삭 감춘다.

작은 연못

밭 귀퉁이에 고래통 고무다라 하나 묻었다
그 위엔 물 대신 계절을 담고 싶었다
진흙을 반쯤 채우고 흰 수련을 심었더니
말풀도 잎을 열고, 부레옥잠이 떠오르고
물배추와 개구리밥이 서로 기대며
초록의 풍경을 짓기 시작했다
어느 유월, 빗방울이 기타 줄을 튕기던 날
이웃 류 선생님이 오셔서 포크송을 불렀다
그러자 맹꽁이들이 화답했다
우리가 멈추면 그들도 숨을 멈췄고
우리가 다시 부르면 그들도 노래했다
작은 연못은 그날, 무대가 되었다
참개구리 한 마리는 부레옥잠 위에서 살았다
도망가지 않고 눈 맞춰주는 그 친구는
매일 아침 내가 가장 먼저 인사한 얼굴이었다
지금은 류 선생님이 도시로 떠났지만
하모니카를 주머니에 넣고 다니던 이웃집 조 선생님이
그 빈자리를 꽃밭처럼 메워주셨다
아내의 우쿨렐레도 가끔 연주에 어울리고
손님들 목소리도 물결처럼 번져간다
게스트도 있다
뻐꾸기, 멧비둘기, 지빠귀, 참새, 길고양이
그리고 유월이면 어김없이 검은등뻐꾸기

그 소리는 어느 시인의 말처럼
홀딱 벗고 뛰어노는 여름 한 조각 같다
작은 연못은 우주의 중심
이곳에 내가 있다

레지나 선생님

언덕 너머
레지나와 김 선생님 부부가 산다
텃밭은 늘 건강하고
정원엔 계절마다 꽃이 피고 진다
진입로엔 블루베리가 종류별로 서른 그루
수확한 열매는
일 년 내내 샐러드 소스로 쓰인다
감자씨를 나누고
농사 이야기를 주고받고
품앗이로 서로의 손을 빌리며
우린 천천히, 정이 깊어졌다
하모니카를 잘 부는 레지나는
마음이 천사 같은 사람이다
어느 날
식탁에 초대받아 밥을 먹다
내가 마늘종을 뽑을 때
자주 끊긴다고 하자
그는 말했다
"옷핀으로 밑부분을 찌르면
길게 잘 빠진다 하길래
한 번 해봤는데
못할 짓이더라고요
살아 있는 식물에 핀을 꽂는 건

아닌 것 같아서요"
그 말에 나도
옷핀을 내려놓았다
조금 느려도, 조금 힘들어도
살며시
마늘종을 뽑기로 했다
이웃에
그런 사람이 사는 건
참
좋은 일이다

II 흙밥과 불밥

토분

물결 하나 없는 여름의 입구에서
나는 토분을 사랑한다

햇빛에 눅은 손금처럼 갈라진 그 몸
황토를 구운 첫 숨이
고요한 땅의 기억을 들려주네

물을 줄 때면
물은 흙을 적시기 전에
먼저 토분의 속살로 스며들고
그 안에서 고요히 목을 축이며 기다린다

가뭄이 길어지면
토분은 침묵한 채로
어미새가 목구멍을 뒤집듯
자신의 살을 쥐어짜
가난한 뿌리에게 수분을 건넨다

형체만 남은 세라믹
빛만 반사하는 플라스틱과는 달리
토분은 느림과 정직으로 숨을 깊게 숨쉰다

그런 마음을 가진 그릇을

매일 조용히 들여다보며 살아가다 보면
내 호흡도 길어질까

무리

병든 물소는
기울어가는 등 위로
다른 발굽들의 그림자를 얹고 걷는다
몇 마리의 어금니가 덤벼들어도
천둥처럼 몰려오는 물빛 근육들이
한 사자를 먼지 속에 묻는다
하지만 가장 느린 심장은
점점 떼에서 멀어지다
초원의 저녁이 되어버린다
사자와 물소의 저울은
각자의 뿔이 아니라
함께 걷는 발소리로 맞춰진다
사람도, 사람 사이도
결국은 하나의 떼
부서지지 않기 위해 묶이는 무늬
무리정신이 또 하루를 넘었다

흙밥과 불밥

어릴 적
호미 쥔 등허리의 주름 속에서
마을이 흔들리곤 했다
그날도
밭고랑 사이로 손마디를 던지며
할매가 옆 할매에게 말했다
"우덜은 쫌 있으면 흙밥이여, 흙밥…"
그 말은 마치
낡은 장독대에서 퍼올린 바람 같아
내 귀에 눅진하게 묻었다
얼마 전
칠순을 훌쩍 넘긴 동네 형님이
막걸리 잔을 기울이며 툭 던진다
"야, 이제 많이 살아써
언제 불밥 될지 몰러…"
흙으로 밥을 지어 묻히고
불로 밥을 지어 날리는 세월
사람은 결국
밥이 되어 돌아간다

내 마음의 뒷길

내 마음속엔
뒤로 흐르는 길 하나 숨어 있다
조용히 뒷문을 열고
걸어간 만큼 밝아지는 그 길
졸졸 흐르는 시냇물 소리
고요한 징검다리 하나 건너면
푸른 숲
계절들이 겹겹이 우거져 있다
봄의 숨결, 여름의 숨소리
가을의 낙엽, 겨울의 적막
그리고 지금은
오월의 연초록 속
그곳에서 나는
말없이 두 손을 모은다
잊힌 마음에도
햇살은 다시 들기를

세렝게티에서 온 편지

한 시대의 거장이
바람의 들판에 조용히 몸을 눕혔다

그 거대한 침묵에
해는 잠시 숨을 멈추고
하늘은 귀를 기울였다

황금 왕좌를 노리던 사자들이
조용히 다가와 헌정의 식탁을 차렸고
들의 그림자들—
들개 자칼 하이에나가
고요히 곁에 앉아
입을 모았다

검은 깃털의 조문객도
나무 위의 유령도
하늘에서 내려와
그의 마지막 선물을 나눴다

이상하게도
어느 누구도 이빨을 드러내지 않았다
피 냄새 속에서 피를 피한 평화
그가 남긴 크기는

굶주림보다도 컸기 때문이다

그때, 무채색의 행렬이 다가왔다
그와 피를 나눈 자들
슬픔을 등에 싣고
고개를 숙였다
하늘마저 숙연한 그 시간
사냥꾼들은 먹을 것을 멈추고
침묵을 먹었다

떠나간 가족들 뒤를 이어
옛날의 맞수

그가 지축을 흔들며 떠나자
들판은 다시 숨을 쉬기 시작했다
사이좋게 찢는 고요
함께 삼키는 평화

그는
자신의 몸을 바쳐
세렝게티에 가장 아름다운 저녁을 남겼다

죽음이여

이 얼마나 따뜻한 빵인가
이 얼마나 평화로운 만찬인가

하늘을 올려다보는 사람

아침 출근길
본넷 위에 느티나무 꽃비가 내려앉았다
꽃잎이라기엔 냄새 없고
먼지라기엔 너무 조용한
그 무명의 무늬 속에서 나는 잠시 멈췄다
벚꽃이었다면
분홍빛 숨결 하나가 내 가슴에 번졌을 텐데
느티꽃은 말이 없다
무덤덤한 나뭇잎 뒤에 숨어
소리 없는 낙화를 반복한다
그러나 그 순간 나는 하늘을 본다
가지 너머 구름이 흐르고
저 멀리 한 마리 새가
허공의 대사를 읊조린다
하늘은 배경이 아니다
언제나 제일 높은 곳에서
이 무대의 중심을 가리킨다
노을이 지고 별이 뜨고 비가 내리고
그 아래 나는 걸었다
누구는 땅을 디디며 조연이 되고
누구는 하늘을 올려다보며 주연이 된다
하늘은 날마다 대사를 바꾸고
나는 매일 그 장면에 감응하는 사람
그래서 나는 이 삶의 주연이다

물감 아래 묻힌 계절

여름을 내려놓은 가을 위로
겨울이 슬며시 그림자를 눕혔다
아직 푸른 기운이 남은 낙엽들이
물감처럼 퍼져
내 발목을 젖게 했다
그 자리에 나는
잠시 멈춰 섰다
잊지 못할 줄 알았던 순간들이
햇볕에 바랜 사진처럼
색을 잃고 있었다
너에 대한 기억도
한때는 가슴 깊숙이 박혀
숨만 쉬어도 푸르게 아팠는데
지금은 문득 떠올라도
그저 먼지처럼 가볍게
흔들릴 뿐이었다

처서 지나며

고추밭 옆 처서 지난 새벽
매미 한 마리
햇살을 부채 삼아
아침의 엔진을 밀어 올린다
매움 매움 매움
덥고 뜨거운 하루가
이장님댁 스피커처럼
마을을 멍멍 울린다
고추는 태양을 씹어 삼키고
열기 속에 어질해진 멍멍이는
마당 흙바닥에
그림자처럼 철썩 붙었다

먼 산

아침 7시 대모산 둘레길을 걷는다
밤사이 떨어진 흰 꽃잎 하나
아직 이승의 숨결을 놓지 못한 채
벤치 위에서 바람과 체념 중이다
겨우 십여 일 피고
꽃은 자신을 버린다
나무는 꽃을 버리고
그러고서야 숲이 된다
꽃이 아닐 때 우리는 누구였을까
열매조차 없을 때 우리는 무엇이었을까
피어날 땐 한 발 다가서고
지고 나면 한 발 물러서는
그 모든 시간은
자연이 그려 넣은 수채화의 망설임
그대는 이제
내 마음의 뒷산
먼 산이다
촉촉한 터치 하나로만 남은
지워지지 않는 색채

벌판의 건축학

바람이 줄자를 꺼내
벌판 위에 선을 긋는다
20미터
사자와 가젤 사이
숨과 숨 사이의 안심거리
넓으면 웃음이 흘러나오고
좁아지면 울음이 튄다
이와 입술처럼 가까우면서도
결코 닿아선 안 되는 경계
럭비공 같은 운명은
언제든 튀어오를 준비를 하고
그 반경은 가젤의 것 같지만
실은
바람이 판을 짜고 있다
기생하듯 몸을 숨긴 바람은
하이에나 떼처럼 몰려다니며
언제나 사자의 손을 들어준다
그리고 벌판은
언제나 약자의 뒷모습으로
지어진다

지우개 낙엽

꽃잎은 가볍다
스스로를 지울 줄 안다
아픔도 화사하게 흩뿌려
그 안에 열매 하나
조용히 남기고 간다
그러나 나무는 다르다
낙엽을 지우려면
모진 결심이 필요하다
한 잎 한 잎
과거의 문장을 떼어내듯
단풍으로 덧칠한다
지워지지 않는 계절 위에
또 한 겹의 불을 입힌다
가을비 오는 밤
눈물 빠지듯 낙엽이 떨어지고
나무는 마지막까지 매달린
기억들을 흔들어 털어낸다
옆집 나무의 기억까지 끌어모아
길 위에 겹겹이 눕힌다
그 길 위로
겨울의 흰 침묵이 내려와
모든 걸 덮어야 한다
기억이 완전히 덮여야

비로소 새살이 돋는다
봄은 망각의 끝에서 움튼다
남김없이 사라진 자리에서
처음이 시작된다

비루한 셈법

평생 먹은 멸치를 세어보니
부산 대변항 앞
자그마한 어장 하나쯤 되겠다
평생 먹은 쌀을 모아보니
초등학교 운동장
몇 개는 꿰매 붙여야 찰 것 같다
돼지고기는 어느새
축사 하나를 지었고
닭고기는 양계장을 차렸으며
물고기들은
제법 그럴싸한 양어장을 이뤘다
나는
먹은 것으로만 남은 몸
씹고 삼킨 것들이 쌓여
작은 마을 하나 지어버린 생
생각할수록
참, 비루하다
이토록 많이 먹고도
제대로 남긴 건
허기뿐

살게야

어머니 들깨 모종 심으시며
손끝에 흙을 적시고는
"흙냄새 맡았으니 살게야"
가느다란 잎맥들, 그 말 따라
다시 숨을 쉬었다
아버지는 내가 후려친
축 늘어진 배암을
풀숲에 내려놓으시며
"풀냄새 맡았으니 살게야"
다음 날, 배암은
허공의 흔적마저 지우고 사라졌다
삼촌은 죽은 듯한 잉어를
맑은 개울물 속에 눕히며
"물 냄새 맡았으니 살게야"
한 시진 지나 다시 가보니
물결만 살아남았다
흙냄새, 풀냄새, 물냄새—
이 세상 냄새들
잘만 골라 맡으면
죽은 것도
다시 살아난다

커튼 뒤의 나무

거울 하나, 벽에 붙들려
한 평생 창밖만을 바라보았네
제 어깨 한 번 돌려보지 못한 채
먼 도시의 소음과 네온을 삼키며 늙어갔지
이마엔 '축 발전'이란 글귀,
그러나 단 한 번도 발전한 적 없는 마음
자신을 맑게 비추면서도
늘 더러운 세상을 되비추며
자신마저 탓하게 되는 날들
그러던 어느 날
창밖에 나무 한 그루가 솟아오르기 시작했지
거울 속으로 스며든 한 줄기 바람,
빛, 혹은 꿈결처럼 잉태된 생명
봄날, 꽃들이 거울 안에서 피었고
비 오는 날, 잎사귀는 거울을 씻었으며
새들이 찾아와 품을 파고들었지
거울은 열매를 안고,
나무의 숨결을 틀 안에 간직했네
그러나 뜻밖의 커튼이 쳐지고
나무는 신기루처럼 사라졌고
거울도 다시 어두운 고요에 잠겼지만
이제 그 안은 예전의 거울이 아니야
커튼 속 깊은 곳,

그 나무는 여전히 자라고 있어
언젠가 누군가
조심스레 커튼을 걷는 날
거울 속엔 서 있었지
너를 닮은 푸른 나무 한 그루

동물원

울타리 안쪽,
저 먼 기억의 방 한 칸을 들여다본다
돌무지 언어로 **뼈**를 깎는 듯
낯선 듯 익숙한 형태가 무리져 있다
농사를 짓는 신석기인의 눈빛으로
그들을 바라본다
날것의 침묵 위로
불에 구워진 나의 말들이 지나는 순간
눈빛이 잠깐 엉킨다
내 속의 시작과 저들의 끝이 마주친다
가장 위대한 시인은
벽화에 핏물을 바르던 원시인
손끝으로 바람을 짚고
이마에 사랑을 새기던 이들
그 손끝의 마음이
시간을 넘고, 문명을 지나
오늘 내 손에 괭이로 쥐어진다
풀을 매고, 흙을 뒤집는 일의 배후에
너희는 병풍처럼 서성였지
나는 가끔,
유리창 너머로 나를 본다
나보다 먼저 사람을 닮은
사람이 아직 남아 있는 곳

그들의 침묵이 내 속의 언어를 흔든다
그리고 나는 돌아선다
고개를 숙이고, 다시 땅을 바라보며
시작보다 조금 멀어진
끝의 흔적을 따라 걷는다

사과처럼

사과 하나가 쿵 하고 떨어졌다
땅에 부딪힌 모서리 한쪽이 살짝 상했지만
사과는 말이 없었다
중력을 말한 뉴턴은 그 떨어짐 속에서 법칙을 찾았지만
나는 그 둥근 모양이
굴러야 하기 때문이라는 걸 안다
바람 부는 방향으로
세상의 골목을 돌아다니기 위해
멀고 먼 별들처럼
둥근 것들은 서로에게서 조금씩 떨어져 살아야 한다
그래서 나도 이리저리 굴러다닌다
처가집 교회 어머니 절 그 사이에서 중심을 잡으며
살기 위해 굴러가는 중이다
하지만 처음 그 쿵
나무에서 꼭지가 끊어지던 순간
사과는 제법 아팠을 것이다
자궁을 막 통과한 아이처럼
탯줄을 매단 채 세상에 나온 그 순간
차가운 땅이 사과의 엉덩이를 철썩 하고 때렸으니까
구르고 또 구르다
마침내 멈춰 선 자리에서
사과는 상한 그 자리로부터 중심을 잡는다
아팠던 곳이 썩어가며

씨앗을 감싸 안고 거름이 되고
반질반질하던 껍질은 벗겨지고
수분은 빠져나가고
그제야 속이 드러난다
껍질이 아닌 씨에서 시작되는
또 다른 세계
마치 데미안이 말한
다른 창 하나가 열리는 순간처럼
그래서 나도
가끔은 사과처럼
어딘가의 생각이나 풍경에
쿵 하고 부딪치고 싶다
죽지 않을 만큼
그러나 영영 잊히지 않을 만큼
그렇게 부딪혀
조금은 상하고
조금은 깨어져서야
비로소 다시 살아나는 언어들이 있음을
조용히 믿고 있기 때문이다

마른 우물에게

나는 마른 우물이에요
속을 들여다보면
심연의 바닥 어딘가
움직임 없는 물이 조금 남아 있어요
세월이 지나며 그 물도 점점 사라지고
이제는 샘의 숨결조차 가늘어지고 있어요
조금만 더 시간이 흐르면
나는 완전히 말라버릴지도 몰라요
질기고 질겼던 슬픔도
백년 묵은 그 외로움도
먼지처럼 흩어질 거예요
그동안 많은 손들이
두레박을 내렸지요
따뜻한 손바닥의 체온
달빛이 출렁이며 닦아주던 영혼
나그네의 마른 갈증을 적셔주던 순간들
그 모든 것이 내 속을 흔들어 주었어요
하지만 이제 그 우물터엔
내가 없어요
물이 줄어든 어느 날 이후
젊은 시절은 돌아갈 수 없는 뒷모습이 되었지요
나는 어디로 갔을까요
바람이 되어

주름진 사막을 건너고 있어요
혹시 기억하나요
우물을 처음 팠던 그날을
내 안에서 물음의 답들이 샘솟고
상처 입은 날들이
스스로의 얼굴을 비추던
푸르른 거울이 되었던 날들
그러니 이제
녹슨 도르래를 다시 돌려 주세요
두레박을 내려주세요
당신 안에 남아 있는 나
그 물의 꼬리를
제가 끝까지 잡고 있을 테니
놓치지 마세요
어서 오세요

따뜻한 뿔

기온과 계절에 상관없이
살아 있는 뿔은 늘 따뜻하다
들판의 풀을 뜯으며
허공에 조용히 글씨를 새기던 눈빛
정면과 측면을 동시에 감시하던
그 힐긋거림 속에 생은 깃들어 있었다
어느 꽃이 뿔보다 따뜻할 수 있을까
뿔을 가진 이들은 모두 채식 동물
풀의 결을 읽는 눈을 가졌고
그 속에는
망초와 냉이를 캐던 나도 있었다
내 눈과
당신의 눈 속에도
세상의 심장에 닿고자 하는
뿔 하나씩은 솟아 있었지
사실은 말이야
나는 당신에게서 그 뿔을 먼저 보았어
처음 당신을 마주한 그날
당신의 뿔이 내 가슴을 관통하고
어디론가 묵묵히 내달렸지
그 이후로 나는
참 많이도 변했어
시간이 흘러

당신도 당신의 뿔도
젊은 기억 속에 멀어졌지만
그 상처 하나
내 안에 남은 그 자국 하나 때문에
나는 아직도
따뜻해

선운사에서

선운사에 가 보았네
대웅전보다 더 많은 사람들이
그 뒤뜰 동백나무 아래 모여 있었지
오늘은 부처님도
굳은 무릎을 펴고
뒷마당으로 살그머니 나오신 날
푸른 잎사귀마다
붉은 꽃등 하나씩 달아 놓으시곤
점등은 우리 몫이라며
미소 한 자락 남기셨지
사람마다
주머니보다 마음이 가벼운 이들이
손 모아 등을 밝히고
그 불빛 따라 등을 따뜻이 데우며 돌아섰네
가난한 자일수록
불빛 하나에도 등에 햇살이 깃들고
그 온기를 품고 천천히 길을 나섰지
문득 돌아보니
거기 아무것도 없더군
다만
내 속 깊은 곳 어디쯤
작은 꽃등 하나
아직 환히
켜져 있더라.

로즈마리의 집

로즈마리 가지 끝에는
바람이 다녀간 흔적마다
투명한 향기 한 채씩 지어진다
스침은 말이 되지 않아도
그 짧은 머뭇거림 속에
세상에서 가장 맑은 숨결이 깃든다
바람 아닌 말이 있을까
따뜻한 마음 하나 품고 있다면
우리의 호흡마다 피어나는 바람은
작은 꽃처럼 향기를 품겠지
그 향기로 하루에도
예쁜 집을 스무 채쯤은 짓겠지
창문마다 마음이 먼저 들어앉고
문턱마다 옷깃의 체온이 남아 있다면
풀잎이 바람에 안기듯
우린 스쳐도 깊어질 수 있을 거야
어느 계단에서 마주치더라도
나는 눈을 감고도
너의 향기를 먼저 알아볼 거야

바람의 붓질

내가 바람을 사랑하는 줄은
바람이 나를 만져볼 때까지 몰랐다
옥상 위에서 바람의 손끝은
내 몸 잎새의 뒷면까지 섬세히 만지며
숨겨진 여린 곳을 가만히 헤아렸다
겨울과 봄 사이
바람을 따라 진달래 산을 오르니
산은 아직 채색되지 않은 밑그림
검댕 묻은 연필선이 드러나 있고
바람은 수채화를 배우듯
조심스런 붓질로 숲을 물들인다
속이 훤히 비치는 어항 같은 숲
바람의 붓은 마술이어서
지나고 나면 색들이 피어나
이내 눈부신 계절의 그림이 완성되리라
새가 겨울숲에서 미리 나무를 골라
오는 계절 깊이 둥지를 마련하듯
나 또한 바람이 그리는 숲에서
마음이 깃들 나무를 골라볼 일이다
겨울을 견딘 자만이
다가올 녹음의 깊이를 알기에
바람의 붓질을 기다리는 동안
나는 조용히 철학자가 된다

III 자전거 다시 보기

양말을 신으며

양말이 아니라 작은 우주였다
매일 같은 길을 걷다
어느새 한쪽 끝이 별처럼 부풀었다
오른발에 붙어 살아온 아이,
저편 짝은 낯선 기억을 헝클이며
왼발의 굽은 길만 익숙해졌다
오늘은 너희의 행성 궤도를 바꿔주마
햇빛 드문 구두 속에서
서로의 그림자를 겹쳐보렴
한 방향만 도는 마음은
금세 닳고 투명해지더라
전봇대도 사랑도 그래서 기울어지곤 하지
어긋남이란 낯선 기회
너의 발끝이 걷는 어제의 반대편에서
오늘은 조금 다른 나를 만나보자
닳아진 실밥 사이로
따뜻함이 스며든다
헤어짐이 아닌, 너그러움으로

할머니 꺼, 그 한 그릇의 마음

승용차로 15분
어머니가 사시던 옛 동네의 자장면집에 들렀다
익숙한 간판 아래서 자장면을 시키고 기다리는데
머리 짧은 중늙은이 주방장이
배식구 너머로 우리를 힐끗 바라보더니
이내 자장면 한 그릇을 뚝딱 내며 소리쳤다
"할머니 꺼, 할머니 꺼~"
처음엔 무심한 말처럼 들렸지만
그 뜻은 내 그릇을 받아든 순간 알게 되었다
어머니 몫으로 나온 자장면 면발은
한없이 부드럽고 쉽게 끊어졌고
내 그릇의 면발은 탱탱하고 질겼다
주방장의 눈썰미와 배려
그 따뜻한 마음이
면발에 담겨 있었다
그 정성을 마음으로 꼭꼭 씹어 먹고 돌아오는 길
왜 이런 생각이 들까
"나보다 당신이 효자다"

달빛 아래 부른 이름

오늘
하모니카 소리로
구름을 밀어내며 떠나는
작은 별을 배웅했다
86년을 혼자 건너온 물가
법이 없어도 바르게 흘렀던 사람
결혼이라는 다리를 건너지 못하고
달빛만 건너던 사람
밤 깊어
창을 넘어온 달의 속삭임처럼
삼촌은 나를 불렀다
석우야 석우야
그 목소리는 물결 같아
잠의 언저리를 흔들었다
달빛이 아름다워
그걸 함께 나누고 싶어
날 깨웠다던 그 밤
우리는 말없이 앉아
달의 숨을 들이켰다
그건 세상에서 가장 고요한 대화였고
내가 가진 가장 밝은 기억이었다
삼촌은 늘 가난했고
그보다 더한 외로움 속에 살았지만

그의 영혼은 언제나 맑은 음 하나였다
나는 오늘
봉숭아 피는 여름처럼
하모니카에 마음을 불어
삼촌 앞에 놓았다
삼촌
이제 그 달빛 따라
고요한 곳에서 쉬소서
나는 언제까지나
삼촌을 사랑하련다

살아 있는 거리

가슴이 덜컥
작은 틈에 파문이 일었다
나무 상자 속,
은빛 칼날 같은 갈치들이
서로의 몸을 겹쳐
서서히 녹아가고 있었다
살결과 살결이
너무 가까워졌을 때
경계는 무너지고
그 밀착은 온기가 아니라
죽음이었다
차갑게 붙어 있는 그들 사이에
아무 말도 없었지만
나는 알 것 같았다
거리는 때로
살아 있다는 증거라는 걸

주름의 나이테

젊음이 물러난 자리에
섬처럼 고요히 떠오른 무늬
눈가와 입가에
물결처럼 얹혀 있었다
마치
오래된 나무의 속살처럼
해마다 조금씩,
햇빛과 바람을 견디며
살아낸 날들이 쌓여
그 무늬가 되었다
주름살은
시간이 남긴 흉터가 아니라
처음부터 우리 안에 숨어 있던 것
젊음은 그걸 잠시 덮고 있었을 뿐
나이 든다는 건
잊고 있던 선들을
하나씩 꺼내어
얼굴 위에 그려내는 일
그렇게 우리는
조금씩 본래의 얼굴로
돌아가는 중이다

진액

배가 고플 때마다
나는 날고구마를 깎아 베어 물었다
무를 썰듯
서걱이는 단면이 속살을 드러냈고
그때마다 고구마는
말없이 우윳빛 진액을 흘려
자신의 상처를 덮었다
석둑석둑
깎여 나간 자리에
고구마는 묵묵히
자기 몸을 어루만지며
딱지를 키웠다
생을 붙잡기 위한
느린 인내였다
나는 단지 출출했을 뿐인데
그는 매번 자신을 내어주며
스스로를 다시 봉합했다
날마다 조용히
깍두기처럼 작아진 마지막 조각을
손바닥 위에 올려놓고서야
나는 알았다
이토록 끝까지 살아내려는 것이
생명이다

그 순간
문득
내 먼 옛 상처에
고요히 진액이 발리고 있었다

연필의 발자국

나의 문장은
언제나 나무 한 자루에서 시작되었다
유년의 손끝에서 깎여나가며
몽당한 숨결로도
끝내 한 획을 남기려
진심을 다하던 친구
서걱이는 발소리로
종이 위를 걸어갈 때면
나는 그 안에
내 마음의 보폭을 실었다
너무 단단하지도,
너무 무르지도 않은 그 HB의 걸음
때론 내가 성급히 달리다
그의 뼈대를 꺾기도 했지만
연필은 묵묵히
멈춰 누운 채
내 곁을 지켜주었다
손에 잡히는 나무결 속
향기처럼 스며드는 위로
나는 그와 함께
하얀 여백 위를 걸어왔다
돌아보니 어지러운 발자국

창문 앞에서

나이 들수록
창문들이 하나씩
소리 없이 닫혀감을 느낀다
젊은 날
너를 열기 위해
참 많이도 애썼던 문이
어느 날 보니
이미 굳게 닫혀 있었고
항상 열려 있을 거라
믿었던 창문은
어느새 반쯤 닫혀 있었다
물론
빛도 바람도
이미 오래전에 차단된
장막이 쳐진 창도 있다
언제나 그 자리에서
늘 열고 싶은 창 앞에 다가가
서성이다가
오늘로 돌아오는 창
그리움
잘 지내고 있는지?

안개의 리셋

안개가 내린다
흙 발자국이 묻은 기억 위로
희뿌연 손길이
하나씩, 천천히
덧칠을 시작한다
달콤했던 음색도
그 위에 겹겹이 올린 변명도
향도, 눈빛도
제각각 도망치다
길을 잃는다
모두가 집을 잊은 난민처럼
과거에서 탈출하고
미래엔 도착하지 못한 채
화가는 오늘도
캔버스 위에 젯소를 붓는다
그것은 안개
나는 안개의 안쪽
지워지는 중
덧칠 두 번, 숨 멈춤 한 번
말 없는 칼질로 추억을 갈아엎고
장롱 문을 연다
그 속엔 한 줄의 주름도 없는 옷
나는 그 옷을 입는다

방금 만들어진 사람처럼
지워진 사람처럼
그리고 당신을 향해 걷는다
가볍게 무섭게 말없이
안녕?
처음처럼 다시

체크인

혈당만 체크하면 되는 줄 알았지
혈압도 보고 골다공증 약도 챙기고
가족 건강 혼자 남은 노모 마음까지 들여다봐야 해
도로 옆 길고양이 홀쭉해진 얼굴
서해로 저무는 하늘빛도 확인하고
차 엔진오일, 연료 눈금
자전거 튜브 바람 빠졌는지도 살펴야 해
농막 화장실 수도꼭지
삐걱대는 것들 하나하나
삶의 나사처럼 조여야 해
문자 알림창엔
누구네 부고 소식 하나 툭
세상은 매일 조금씩 변하니까
나도 너에게 체크 받아야 해

소일거리

대문 옆 나무의자 하나
노인은 그 위에 등을 기대고
세상의 분주함을 조용히 훑는다
지나는 바람, 지나가는 사람
움직이는 모든 것이
그에겐 뉴스이고, 동무였다
그는 손을 놀리고 싶었다
상추 한 포기 심고
마당 끝 잡초 한 줄기쯤은 뽑고 싶었다
그러나 자식들은 말렸다
아무것도 하지 말라고
그저 앉아 있으라고
그게 효도라고 했다
노인은 하루하루
몸은 살아 있으나
시간과 함께 부식되었다
아무것도 하지 않는 것이
결국 아무것도 되지 않는 것임을
자식들은 몰랐다
그렇게 소일거리 없는 노인은
죽기 전에
이미 조용히 죽었다
삶이란 뿌리 내릴 작은 흙 한 줌이면 족한데

그 흙을 빼앗긴 나무는
더 이상 자라지 못했다

후송된 미래

한때
동네 아이들의 웃음으로 배가 불렀던 마을회관이
이제는 옷걸이처럼 마른 기둥만 남았다
도심에서 배양된 효심은
선물 상자처럼 포장되어
폐교로 조용히 들어왔고
노인들은 그것을
죽음 대기소라 불렀다
"요양되어 돌아온 사람 봤어?"
그곳은 요양이 아니라
길의 마지막 기착지
요양원에서 요양병원, 그리고 장례식장까지
단단히 조율된 컨베이어벨트 위에서
인생은 한 줄씩 수거되고 있었다
밤이면
어둠에 실려 마을을 도는 악몽
아이들은 그 위에
소풍처럼 내던져질까
노인들은 유모차 손잡이를 단단히 잡았다
낙태된 기억들이
바퀴 위에서 흔들리지 않도록
회관 앞 골목을 걸으며
오늘을 정조준했지만

미래는 이미
조용히 후송되어 있었다

생물 화장실

똑딱
불을 켤 때마다
늘어진 화장실이 자바라처럼 쪼그라든다
깜짝 놀란 거울 뒤로
어둠이 비틀거리며 쓰러진다
해도 달도 별도 없는
그러나 의외로
생명력 넘치는 세계
하수구 구멍 아래선
아래층 아이들이
어둠 속 콩나물처럼
까르르 웃음으로 자라나고 있었다
포유류 칫솔은
육식도 채식도 가리지 않고
하루의 찌꺼기를 씹어 삼키는
잡식성 돼지 같았고
지문이 다 닳은 때수건은
더 이상 신분을 갱신할 수 없어
세면대 이민청에서
쫓겨나는 불법 체류자처럼 구겨져 있었고
호박잎 뒷면처럼 거칠어진 수건은
씁쓸한 웃음 끝에
걸레로 환생해 돌아온다고 말했다

나는
사바나의 건기처럼 약해지는 오줌발로
습관처럼
영역을 표시하는 늙은 수컷
언제 이곳에서 밀려날지 모른 채
브레이크 밟듯
불을 끈다

자전거 다시 보기

나는 한때
저렇게 당당한 앞바퀴를 의심한 적이 없었다
질주할 땐 코뿔소
느릿하게 걸을 땐 코끼리
늘 앞을 향해 나아갔고
넘어지지도 뒤돌아보지도 않았다
따르릉 그 울림 하나로
길이 열리고 사람들이 비켜섰고
뒷바퀴는 그저
앞바퀴를 따르기만 하면 되는 줄 알았다
앞바퀴는 아버지
뒷바퀴는 어머니였다
하지만
오십이 넘은 어느 날
자전거를 다시 들여다보았다
앞서 달리던 바퀴가
사실은
뒤에서 조용히 밀어준 바퀴 덕분이었음을
알게 되었다
지친 앞바퀴가 휘청이면
뒷바퀴가 아무 말 없이 받쳐주고
잘못 든 길이어도
그저 모른 척 속은 척

짐인 척 따라가 주던 바퀴
끌려가는 듯 보였지만
사실은
그가 밀고 있었다
척하면 척
앞바퀴의 자존심 하나
구겨지지 않도록
몰래 조용히 부드럽게
무게를 나눴다
한 번도 중심이 된 적 없지만
언제나 무게중심을 잡아주던 뒷바퀴
넘어져 헛발질을 해댈 때마다
해님처럼 동그랗게
다시 일으켜 세웠다
어머니는
늘 그렇게
주연 같은 조연이었다

자전거가 서 있던 날

자전거 한 대 없던 유년의 마을
우린 굴러가는 기계가 마냥 신기했다
그 바퀴에 발치가 닿는 아이들은
모두 순서대로 자전거를 배웠다
그날도 탱자나무 집 황토 마당에
자전거가 조용히 세워졌다
옆 마을 아저씨는
말끔한 옷차림으로 병든 친구를 보러 왔다
사람들은 자전거를 보며
입보다 눈이 먼저 굴렀고
아줌마 얼굴엔
화색이 바퀴처럼 번져갔다
차도가 있다더니
진짜 환자도 일어났고
십 년째 눕던 마당에
트로트가 라디오를 틀었다
소문은 자전거보다 빠르게 돌았지만
그래도 그날,
서천댁 아들도 배웠고
막내도 배웠고
병든 아저씨도 자전거를 배웠고
간병하던 아줌마도
자전거를 배웠다

그 바퀴는
사람들 마음 깊숙한 데까지 굴러들어
마을에 오랫동안 누워 묵은
그림자 몇 개를
일으켜 세웠다

꽈배기에게 길을 묻다

골목 모서리 분식집엔
오늘도 삶이 조금씩 어긋난 사람들이
조용히 모여든다
판 위에서 꽈배기들이
제 몸을 부둥켜안고 블루스를 춘다
등나무처럼 스스로를 감는 그 모습이
문득 외롭지 않아 보여
나도 텅 빈 허공을
꼬옥 안아본다
기억도, 외로움도
살면서 꼬인 것들이
어느새 내 안의 골조가 되어 있었다
입안으로 들어온 꽈배기 한 조각이
비틀린 혀끝에 설탕가루를 내려놓는다
달콤한 말 한 마디 건네듯
세상의 목을 부드럽게 통과하고
소화되지 않던 애증들까지
조용히 가속도를 붙여 갓길로 밀어낸다
꽈배기는 은밀한 드릴이다
내장 깊은 곳까지
한 번의 회전으로 길을 뚫고
막힌 마음도, 막힌 장도
조금은 시원하게 통과시킨다

천 원짜리 꽈배기 두 개면
오늘에서 내일로 향하는
일용할 따뜻한 터널이 생긴다
그래서
이 골목 모서리 분식집에서
꽈배기를 먹는 사람들은
잠시나마 행복하다

탁주

제 아무리 혼탁한 탁주 막걸리라도
가만히 앉아 수행하면 청주가 된다
흔들리지 말자 흔들리지 말자
이 탁한 세상
가라앉는 시간 끝에
투명한 나를 마주하리니

바람 이후

바람이 멈추자
흔들리던 것들이
조용히 제자리를 찾는다
부르던 가지 하나
소리 없이 꺾이고
아픈 곳은
조금 더 아파야
비로소 놓인다
너의 바람이
나의 바람을 데리고 떠났고
남은 우리는
우체국 앞을 맴돌다
어느 집 하루로
슬며시 배달되었다

수상한 생각

생각은 처음엔 반짝이는 방 같았다
새것 같고 내 것 같고 무언가 될 것만 같았다
하지만 오래 머문 생각은
자꾸 같은 벽을 바라보고
같은 구석에만 자리를 펴고 앉았다
한때는 나를 이끌던 그 생각이
이젠 나를 끌고 다닌다
어느 날 문득
생각이 수상하다는 느낌이 들었다
묵은 먼지처럼 고이고
낡은 안락의자처럼 편하지만 불편했다
그래서 가끔은
생각을 밖으로 내보내기로 했다
라디오를 켜고
클래식의 현이 흐르도록 두고
드라마 속 낯선 인물들 틈에 나를 앉힌다
아무 말 없는 다큐멘터리에
생각을 숨기고
조용히 멍하니
하늘 같은 무념의 벽에 기대어 본다
비워진 나와 채워진 나 사이
무게는 다르지 않다

날갯죽지 이야기

오랜만에 아들과
목욕탕에 갔다가
손 닿지 않는 등짝 어딘가에서
날갯죽지가 푸드덕거렸다
혼자 힘으로는 해결 못 하는
몸의 어느 구석이 있다는 걸
살아가는 동안 잊고 지냈다
애써 아들 손을 빌렸지만
녀석은 아직 몇 해를 더 키워야겠고
헛헛한 날갯죽지를 접고 탕을 헤매는데
할아버지 한 분, 나처럼
외로운 새처럼 등짝을 푸드덕댄다
과부 맘 홀아비가 안다고
등에 비누칠까지 곱게 칠해드리니
노인의 굽은 날갯죽지가
천천히 펴지며
한숨 편히 행복을 숨 쉰다
인생이란 어쩌면
서로의 손끝이 닿아야
날 수 있는 것
누군가의 손끝이 닿아야만
솟아나는 날개
날아가는 날개다

이불, 그 거룩한 것

지친 하루 끝에
누군가 조용히 이불을 펴주었으면 한다
이불은 작고 얇은 천이 아니라
태어남과 죽음이 나란히 눕는 성소
처음 우리가 머물던 어둡고 따뜻한 물속
어머니의 출렁이는 자궁에서
세상의 빛으로 밀려나올 때
그 어둠을 대신한 건
모유의 온기, 가슴의 숨결,
그리고 처음 깔아준 이불이었다
나는 어머니의 품에 얼굴을 묻고
그 냄새를 먹으며 자랐다
등 뒤로 돌아 안긴 어느 날
나는 어머니의 땀과 체온 속에서
온혈동물이 되었다
그다음은 어디였더라
어머니가 나를 뉘였던 그 자리
장롱 속 ㄹ자로 개어두던,
세상에서 가장 따뜻한 자리
그 이불 위에서 나는 안식을 배웠다
이불은 모성의 또 다른 형태
바람막이 없는 인생 속
내가 마지막으로 숨을 고를 수 있는 곳

집 떠난 지 오래된 아들이
불쑥 돌아와도
"자고 가거라" 하시며
이불을 펴는 어머니는
모든 피난처의 원조였다
청년이던 나는
긴 하루 끝, 홀로 이불을 펴며
자궁에서 이불까지 이어진
사랑의 온돌구조를 떠올렸다
밤마다 이제는 내 손으로 이불을 펴고
아이들과 일렬로 눕는다
저 끝의 아내, 이 끝의 나
그 사이 성장통을 앓는 두 아이는
잠꼬대 속에서 계절을 넘긴다
가을이 되어 마음이 허전한 날
나는 겨울 이불을 꺼낸다
이불 하나로 가슴을 눌러
세상의 찬 기운을 눕히고
다시, 사람다움을 덮는다

해후

무위사 마당 끝 대나무 숲에 들어섭니다
한 그루 대나무 가슴에 살며시 귀를 대고 눈을 감으면
어느 먼 날 당신이 제게 오던 발소리가
사각사각 바람보다 먼저 들려옵니다
살다 보면 잊지 않으려 해도
잊히는 것들이 생기지요
그러다 문득 그 자리에 다시 서서
귀를 대고 눈을 감으면
당신은 여전히 사각사각
아직도 제게 오고 계십니다
세월이 몇 겹을 더 돌아 흐르더라도
저는 흔들림을 멈추지 않는 대숲처럼
바람 없어도 당신의 발소리를 기다립니다
언젠가 당신도 걷다 지쳐 잠시 눈을 감으신다면
그 대숲 너머에서
제가 건너오는 발소리를 들으시겠지요
사각사각사각사각
그 소리는 언젠가
강물처럼 구름처럼 비처럼
이름 없는 풀꽃 하나 앞에 멈출 것입니다
그리고 아주 짧은 한순간
우리는 다시 만날지도 모르겠습니다

목소리의 배후

목소리의 배후를 아는가
그건 몸속으로 들어간 숨이
이제는 떠나야 할 이름으로
내뿜는 이산화탄소다
산소는 심장을 돌고
혈액을 따라 전신으로 퍼져나가
생명을 부추기고
이산화탄소는 그 배설물로
목을 지나 다시 세상으로 돌아온다
맑은 공기를
아코디언처럼 들이마시고
목젖의 손가락들이
그 숨을 두드리면
그때야 비로소 소리가 된다
오페라 가수도
아이돌도
강단 위의 이야기꾼도
모두 이산화탄소로 먹고산다
누군가를 죽일 수도 있는 이 기체가
어느 날은 노래가 되고
한숨이 되고
사랑이 되어
누군가의 생명을 간지른다

참 대단한 녀석이다
그래서 나도 오늘
소리를 내기 위해
맑은 산소를 깊이 들이마신다
내뿜는 숨은
조금도 아깝지 않다
그래서 사람들은
말이 많아진다
하지만 가끔
이산화탄소는
제 고약한 성질을 드러내
귀를 찢고
가슴을 베고
사람을 무너뜨린다
정말이지
이산화탄소 같은 녀석이다

선수 교체

인간 사회라는 경기장에서
나는 점점 벤치로 밀려난다
소란한 말들과 눈빛의 태클 속에
나도 모르게 숨이 찬다
그럴 때마다
나는 다른 리그를 상상한다
느티나무와 나
산양이나 촌닭 개구리
공기와 바람 향기까지
믿을 수 있는 생명들과의 조용한 연맹
나의 사회는 조금 다르다
별이 회의록을 쓰고
달빛이 회장직을 맡으며
뒷산이 의결을 거든다
그들의 말 없는 언어에 귀 기울이고
계절의 안건을 받아 적는다
어차피 인간은 사회를 떠날 수 없다면
인간 대신 자연을 등판시키련다
그것이 내가 꿈꾸는
다른 종류의 미래
내 안에서 조금씩 시작된
조용한 반란
아름다움

그들에게 내가 줄 수 있는
작은 헌사

깨짐의 방식

우리는
날마다 조금씩 깨지며 살아간다
수탉의 뾰족한 울음이
어둠의 모서리를 들이받을 때
밤은 금이 가고
아침은 파편처럼 쏟아진다
샘물은 한순간도 제자리에 머물지 못하고
새로운 물이
어제를 밀어 올리며
'지금'이라는 파문을
하루 종일 깨뜨린다
나무는 매해
자신의 나이테를 깨고
조용히
다음 동그라미를 그린다
나 또한
어제를 부서뜨리고
오늘이라는 가장자리 위에
서 있다
깨진 자리마다
빛이 스며든다
깨어졌기에
비로소
들어오는 것들이 있다

끝에서

동해 바다에 갔다
간밤에 큰 바람이 불었는지
아직도 아침 파도가 거칠다
해안가엔 깊은 바다에서 끊어져 올라온
미역 줄기와 다시마 줄기들이
제 몸도 못 가눈 채 널브러져 있다
나도 너희와 처지가 같다
한때는 육지의 중심 어디쯤 있었지만
이제는 이 가장자리까지 밀려와
더 갈 곳 없는 지점을
너희처럼 서성인다
태풍이 지나갈 때마다
수많은 해초들이 뿌리째 뽑혀
파도에 떠밀려오듯
인간 세상에도 큰 바람이 불고
그럴 때면 중심에서 가장자리로
사람들이 쓸려나간다
바다와 육지가 한 선으로 만나는 이곳에서
끊긴 물미역과 마주 앉아
나는 위로를 받는다
너는 어떠니
조용히 다시마 줄기 하나 위에
손금을 얹는다

Ⅳ 감자 선생님

밭 바람

사월은 바람의 선생님
하늘이 펼치는 낡은 교과서 한 장
햇살에 젖은 문장 사이로
연둣빛 문장들, 고추묘들이
처음 배운 문법에 휘청이다가
이내 문장부호처럼 곧게 선다

바람의 수업은
흔드는 것이 아니라
마음을 땅속 깊이 심어주는 일

허리춤 종아리, 마디마다
바람의 붓이 지나가며
근육 같은 문장이 자라나고

그제야 오월은 꽃잎이라는 단어를 꺼낸다

유월은 젖은 문장을 내리고
칠월은 불덩이 문장을 달구고
구월은 회오리 같은 문장을 휘몰아쳐도

사월, 그 단호한 훈장의 숨결로
문장들은 무너지지 않는다

사월은 교육의 시간
밭은 이름 없는 학교다

母音停에서 여름을

시골에 들어와 내가 가장 먼저 지은 것은 집이 아니라
한 트럭 모래였다
마당 한가운데 쏟아부은 그 산은
아이들의 첫 고향이 되었다
작은 손들이 매일 두꺼비집을 짓고
모래성을 올릴 때마다
햇살은 웃으며 무너지는 법을 가르쳤다
그 옆에 나는 정자를 세웠다
이름을 '모음정'이라 했다
어머니의 소리가 흐르는 곳
그 말이 맞게 하고 싶어
내 손으로 판각해 현판을 달고
지붕에는 박넝쿨을 올렸다
여름이면 하얀 박꽃들이
달빛 아래 지붕 위에 피었다
아이들과 나는 그 아래 모기장을 치고
소쩍새 소리에 귀를 기울이며
시간을 불러 모았다
옛이야기 하나가 끝날 때마다
여름은 조금씩 무너졌고
그 조각들은 아이들의 잠으로 스며들었다
어떤 집은 벽돌로 세워지지만
내가 지은 첫 집은

모래와 박꽃과 목소리로 된
하얀 여름 한 채였다

법정의 수필을 읽으며

글에도 허기가 있다
말은 많은데, 목이 마르다
마음이 맑지 않으면
문장 속에 먼지가 앉는다
수필은 요리사가 만드는 음식이 아니라
맑은 창으로 들어오는 바람이어야 한다
법정 스님의 문장이 아름다웠던 건
그가 언어를 쥔 손보다
먼저 마음을 씻은 사람이었기 때문이다
자연은 본래 스스로 좋고
사람의 마음도 스스로 맑다면
그 둘 사이엔 울타리가 필요 없다
그때 수필은 창문이다
거기에 기대어 있는 책 한 권이
바로 그 사람의 삶이다
수필은 눈이다
현실을 깊이 바라보되 흔들리지 않고
도덕과 투명함을 스스로 지니며
삶과 영혼이 하나인 이의 손에서만
진짜로 열린다
그렇지 않다면
문장은 진실에 닿지 못하고
그저 자음과 모음일 뿐이다

꽃으로 피어 있는 사람들

"내가 꽃피우니까, 너도 좋지?"
교무실 책상 위 난초가
묻지 않고 말한다
그 말이 허풍이 아닌 듯
주변 세 걸음 안은 향기로 가득하다
꽃은 주인을 향해
한쪽으로만 향기를 보내지 않는다
그저 곁에 있는 모두에게
기꺼이 자신을 풀어놓는다
한때는 열매에 마음을 두었다
무게가 있고, 남길 수 있고
손에 쥐어지는 무언가
하지만 열매는
소유의 다른 이름이었고
소유는 언제나 비교를 데려왔다
열매를 나누는 일은 아름답지만
그조차 드문 일이고
그 속에도 잰걸음의 계산이 있었다
그래서 이제는
꽃으로만 살다 가는 삶을
조금은 이해하게 된다
피었다는 이유만으로
잠시 세상을 향기롭게 하고

묵묵히 물러나는 일
그것으로도 충분한 사람이
세상에는 많다

은비늘의 시절

내 강물에 슬픔이 스며들 때마다
그것은 천만 개의 은비늘로 흩어져
너와 함께 갈라졌다
햇살 아래 반짝이며
이별조차 아름답게 만들던 날들처럼
먼 훗날
이 모든 지침도
좋은 기억이 될 것이다
흙을 만지고 씨앗을 쓰다듬던 손끝
삽날 아래 저문 시간
땀으로 젖은 등짝엔
붉은 노을이
하루의 상장을 걸었다
몸은 썰물 빠진 갯벌처럼 무거웠고
심장은 간헐천처럼 헐떡였지만
나는 자연 속으로 미쳐갔다
파가 묻히고
벌레가 기어오르고
잡초가 설교하던 그 자리는
광장의 연단보다 고요했고
신전보다 단단했다
미치면 미칠수록
생명의 숨결이 또렷해졌고

도시에서 잃어버린
1급수 어족들이 돌아왔다
잃어버린 도로가
풀과 바람으로 복구되었다
언젠가 나는 말하게 될 것이다
토요일과 일요일
십 년쯤 미쳐서 달려갔던 곳이
사람이 사람다웠던 시절의
성전이었노라고
예술과 자연이
이산가족처럼 재회하던
눈물 많은 밥상이었노라고
그 시절,
내 슬픔은 은비늘로 흩어졌고
그 반짝임은
사라지지 않았다.

감자 선생님

해마다 하지 무렵이 되면
교무실 캐비닛 깊숙이 모셔둔 밥솥을 꺼낸다
햄버거 입맛에 길든 아이들에게
감자 한 알로 마음을 얻는 일은
작고 조용한 기적이었다
첫 시도는 조심스러웠다
밥솥을 교실 한쪽에 놓고
콘센트에 꽂아두면
감자의 구수한 냄새가 먼저 등교했다
하이에나처럼 코를 킁킁대는 아이들
머리를 갸웃이며 밥솥 주위를 맴돌았다
나는 기다렸다
김이 피어오르고 냄새가 교실을 덮을 때
아이들의 눈동자에 빛이 돌고
손바닥에 얹힌 따뜻한 감자 하나로
우리는 말없이 가까워졌다
감자를 먹는 동안 나는 농사 이야기를 들려주었다
햇살과 비, 바람과 흙,
소쩍새 울음 속에서 자란 감자의 시간들을
조금은 너희들 같다며 말해주었다
아이들은 눈과 귀, 맛과 향, 따뜻한 촉감으로
감자를 먹었고, 감자의 이야기를 들었다
그날 이후 나는 감자의 교육적 능력을 믿게 되었다

그리고 아이들도 선생님의 마음을
조금씩 알아봐주는 것 같았다
이제는 감자만으로는 부족하다
단호박, 옥수수, 고구마까지
밥솥 위의 메뉴는 늘어났고
아이들과 나 사이의 온기도
함께 자라나고 있다

호미의 등뼈

폭염의 여름
땅은 더 이상 밭이 아니다
그건 나를 삼키려는 야수의 등줄기
그러나 나는 새벽을 믿는다
해가 기척도 하기 전
몸보다 먼저 깨어난 침묵으로
나는 호미를 데리고 밭으로 나간다
호미는 작다
그러나 그 등엔 굽은 등뼈가 있다
쇠끝은 바늘처럼 예민하고
두툼한 귀는 땅의 귀밑살을 어루만지며
자루는 내 팔의 뼈를 닮아 있다
우리는 말을 나누지 않는다
허리를 접고, 오리걸음으로
풀섶의 목덜미를 짚어내며
덩굴의 숨결을 풀어헤친다
풀벌레는 아직 꿈을 꾸고
새들은 나의 손끝에서
지렁이 한 마리의 아침을 받아간다
이 싸움은 늘 짧고 치열하다
그러나 나는 안다
호미에 등뼈가 있는 한
우리는 단 한 번도
등을 보인 적 없다

분양의 조건

흙사랑 김 선생님은
닭에게 천국을 지어준 사람이다
병아리를 달라 하면
유정란도 뛰노는 새끼도
선뜻 내어주지 않는다
간절한 부탁이 있을 때만
그는 조건 하나를 건넨다
"병아리만 말고
어미닭도 함께 데려가게
다 크면 어미는 다시
흙사랑으로 돌아와야 하네"
그는 안다
어미도 새끼도
너무 일찍 떼어놓으면
가슴 한켠이 비워지고
그 빈자리는
백년을 간다는 걸

풀뿌리

밤새 포효하듯 내린 비에
잠을 설친 새벽이
차를 몰아 농장으로 내달렸다
허물어질까 걱정한 밭둑은
오히려 튼실히 버티고 있었다
제초제로 모두 쓸어내려 했던 것들
잡초, 잡목, 이름도 없는 풀잎들
그냥 내버려둔 덕에
그들은 땅속 깊이 손을 뻗었다
서로의 뿌리를 잡고
흙을 껴안고
한 덩어리 둑이 되어 있었다
비가 아무리 퍼부어도
흙은 쓸려가지 않았다
무너지는 것도
흔들리는 것도 없었다
빠르게 지나던 KTX 창밖
산자락에 어지러이 선 잡목들
들판에 무성한 풀숲이
낯설게 아름다웠다
언제나 발밑에 있었기에
무심히 지나쳤지만
바로 그 낮고 보잘것없는 것들이

이 땅을 옹골지게 붙들고 있었다
이름도 없고
눈에 띄지도 않는 손들이
나를 지키고 있었다

숨 길

숨은 길이다
잡초가 내쉰 숨을 배추가 마시고
뒷산이 토해낸 녹색의 숨결을
앞마을이 푸른빛으로 받아 적는다
구름은 바다의 한숨이 하늘로 떠오른 것
오늘은 어제의 숨을 되새김질하고
내일은 오늘의 가슴을 품는다
숨은 바람도, 물도, 흙도 되어
살며시 서로의 몸을 빌려 다닌다
그러나 생명들은
자기만의 숨이 있다고 믿으며
서로를 외면한 채 살아간다
사실은 모두 하나의 숨
보이지 않는 문,
서로를 드나드는 조용한 길인데

[해설] 인생을 특별하게 바라보는 시집
– 교감(交感), 감응(感應), 사색(思索), 견자(見者)의 시편

장인수 | 시인

  박석우 선생님이 첫 시집을 상재했다. 내면의 목소리로 써내려간 사색의 시집이며, 수상(隨想)의 시집이다.
  동료 교사인 박석우 선생님을 뵈면 영화 〈죽은 시인의 사회〉의 키팅 선생님이 떠오른다. 키팅 선생님은 '시의 이해'라는 수업 시간에 책상 위에 올라가 '카르페 디엠(라틴어: Carpe, carpe diem, 현재를 즐겨라. 너의 인생을 특별하게 만들어라.)'이라고 외친다. 시 이론이 적혀 있는 교과서의 페이지를 함께 찢어버리며, 교탁에 올라서서 세상을 넓고 다양하게 바라보라고 말한다.
  박석우 선생님은 미술 전문서 『이발소 그림』을 펴냈고, 700여 평의 밭농사를 지으며 수필집 『계단을 사색함』을 펴냈다. 학생들에게 직접 농사지은 감자를 쪄주고. 학급 자율 활동으로 대중목욕탕에서 학생들 등을 밀어주면서 상담한다. 그 일로 교장님께 공개 석상에서 야단맞은 적도 있다.
  박석우 선생님의 시「감자 선생님」을 보자.

해마다 하지 무렵이 되면
교무실 캐비닛 깊숙이 모셔둔 밥솥을 꺼낸다
햄버거 입맛에 길든 아이들에게
감자 한 알로 마음을 얻는 일은
작고 조용한 기적이었다
첫 시도는 조심스러웠다
밥솥을 교실 한쪽에 놓고
콘센트에 꽂아두면
감자의 구수한 냄새가 먼저 등교했다
하이에나처럼 코를 킁킁대는 아이들
머리를 갸웃이며 밥솥 주위를 맴돌았다
나는 기다렸다
김이 피어오르고 냄새가 교실을 덮을 때
아이들의 눈동자에 빛이 돌고
손바닥에 얹힌 따뜻한 감자 하나로
우리는 말없이 가까워졌다
감자를 먹는 동안 나는 농사 이야기를 들려주었다
햇살과 비, 바람과 흙,
소쩍새 울음 속에서 자란 감자의 시간들을
조금은 너희들 같다며 말해주었다
아이들은 눈과 귀, 맛과 향, 따뜻한 촉감으로
감자를 먹었고, 감자의 이야기를 들었다
그날 이후 나는 감자의 교육적 능력을 믿게 되었다
그리고 아이들도 선생님의 마음을
조금씩 알아봐주는 것 같았다

이제는 감자만으로는 부족하다
단호박, 옥수수, 고구마까지
밥솥 위의 메뉴는 늘어났고
아이들과 나 사이의 온기도
함께 자라나고 있다

「감자 선생님」 전문

 인공지능과 최첨단 과학 문명을 이용한 수업 방법을 선도적으로 이끌어가는 고등학교 교실에서 직접 농사를 지은 햇감자, 햇옥수수, 햇고구마, 단호박을 쪄서 학생들과 나누어 먹는 교사. 아예 교실에 찜통 밥솥을 가져다 놓고 학생들이 등교하기 전 아침 6시 30분에 먼저 출근해서 교실에서 감자와 고구마와 옥수수와 호박을 찌는 선생님. 후각, 미각, 촉각, 공감각으로 교감한다. 백 마디 말보다 더 훈훈한 교감신경의 시도가 아닌가!
 그는 등단한 시인들과 어울려 문단에서 노니는 것보다는 튼튼한 당나귀를 한 마리 키워 혼자 여행을 떠나고 싶어한다. 나무마다 꽃이 피면 등에 작은 개다리소반을 짊어지고 꽃그늘 아래를 돌아다니며 꽃잎 흩날리는 봄밤에 월하독작(月下獨酌)하기를 원한다.(시 「개다리소반을 지고」에서) 이쯤 되면 그는 보헤미안이고, 로맨시스트이며 괴짜다.
 예술은 규범과 탈규범을 자유롭게 넘나드는 사색이나 행동을 요구한다. 그런 의미에서 모든 예술은 괴짜의 성격을 지니고 있다.

분명한 것은 박석우 선생님은 질 들뢰즈가 말한 것처럼 '고착되지 않은 사유', '리좀(땅속줄기 식물)처럼 사방으로 뻗어가는 탈경계의 사유'를 지닌 예술가라는 것이다. 질 들뢰즈의 세계관은 '생기론(生氣論)'이다. 꿈틀거리는 생명적인 것으로 세계를 설명하는 사유다. 잠재화, 탈유기체화, 탈주, 미분은 '탈영토화'와 같은 개념으로 기존의 체계(현실태)에 고착되지 않고 끊임없이 새로운 체계를 만드는 것을 가리킨다.

● **유기체적 세계관과 교감(交感)의 생태 시편들**

박석우 첫 시집은 '교감(交感)의 시집'이다. 모든 생명체는 유기적으로 연결되어 있다. 영화 〈아바타〉에 나오는 나비족 같은 시집이랄까. 나비족은 머리카락에서 촉수같이 생긴 것을 꺼내어 동물의 수염, 꼬리, 털, 물고기의 수염에 연결하여 서로 교감한다. 신경 교감 장치를 통해 여러 생명체에 인간의 영혼이 들어가 서로 교감하고 마음을 나누는 것이다.

유기체적 세계관에서는 세상을 분리된 요소들의 집합이 아닌, 상호 연결된 하나의 전체로 본다. 마치 생명체가 각 기관들이 서로 영향을 주고받으며 하나의 개체를 이루는 것처럼, 세상의 모든 것들이 관계를 맺고 있다고 생각한다.

교감 능력은 두 가지 주요 측면으로 나눌 수 있다.

첫째는 언어 외의 신호 해석 능력이다. 언어를 통한 소통은 말 그대로 정보 전달의 일부에 불과하다. 눈의 움직임, 표정, 몸의 자세, 손의 동작, 목소리 톤, 속도, 강도 등의 비언어적 신호를 해석하는 것이 중요하다. 둘째는 공감 및 이해 능력이다. 교감 능력은 다른 사람의 위치에서 상황을 이해하고 공감할 수 있는 능력을 포함한다. 다른 사람의 관점에서 상황을 바라볼 때, 그들이 느끼는 감정과 생각을 공감하며 공유함으로써 더 깊은 인간관계를 형성할 수 있다.

박석우 시집에서는 사람 사이뿐만 아니라 사람과 동물과 식물 사이에도 교감이 작동한다. 모든 생명체는 고유의 자아를 지닌다. 동일한 유전자의 일란성 쌍둥이도 각자 자아를 가지게 된다. 자아를 만들어내는 신경망의 연결 구조는 우주 원자 개수보다 많다. 개인의 자아는 그만큼 고유하고, 개인의 생각은 그만큼 특별하다. 소통과 교감은 이처럼 고유한 자아들의 공명 현상이다.

박석우의 시를 읽다 보면 특히 바람과의 교감, 흙과의 교감, 세월과의 교감, 자기 자신과의 교감이 두드러지게 나타난다.

박석우 시인은 산책자다. 이번 시집은 사색의 시집이다. 사색가, 산책자, 견자(見者)의 시집이다. 그는 자연 앞에 선 후 어떻게 사색을 하는가?

첫째, 자연 현상을 응시, 관찰, 직관한다. 그 과정을 통해 유기체적 세계관을 통찰하고, 성찰하는 생태

시를 쓴다.

둘째, 직접 밭을 일구고, 거름을 내고, 곡식을 심고, 수확을 한다. 육체노동을 통해 교감을 극대화한다. 육체노동은 키움, 보살핌, 부대낌, 땀흘림이다. 그 과정을 통해 유기체적 세계관을 통찰하고, 성찰하는 생태시를 쓴다.

셋째, 계절의 흐름을 느낀다. 몸은 늙는다. 그 과정을 통해 유기체적 세계관을 통찰하고, 성찰하는 생태시를 쓴다.

유기체적 세계관에 입각한 친환경 생태시는 낭만적이고, 상징적이고, 비판적이고, 생명파적이고, 존재론적이다.

● 바람과 교감하는 시편들

> 바람이 분다! 살아야겠다
> - 폴 발레리, 「해변의 묘지」에서

폴 발레리는 인간성을 지고(至高)의 위치까지 올려놓는 것은 바로 의식의 명확성이라고 생각하며, 절망과 생로병사 앞에서 인간의 의식이 어디까지 명확해질 수 있는지에 대한 탐구를 시 창작을 통해 평생 이어 나갔다.

앞서 박석우 시인을 산책자, 사색가, 견자(見者)라고 얘기했다. 박석우 시인도 폴 발레리처럼 시를 사유 방법의 하나로 여기고 있는 게 분명하다. 시 「닭똥과 소똥」에서는 닭똥과 소똥의 차이점을 너무나 사실적으로 묘사한다. 예리한 응시와 관찰 덕분이다. 거기서 닭과 소는 서로 다른 방식의 표현으로 서로 다른 밭에 거름을 주는 존재가 된다. 이것은 가축과 작물의 교감 능력을 사색을 통해 통찰한 것이다. 시「키질」에서는 서리태를 키로 까부르면 날아갈 것은 날아가고 남을 것은 묵직하게 남는다. 알맹이와 쭉정이를 골라내는 키질을 통해 아버지의 수많은 정자 중에서 가장 튼실한 알맹이를 받아들여 자식을 잉태한 어머니의 간택 능력에 연결시킨다. 시「탁주」에서는 아무리 혼탁한 탁주 막걸리라도 가만히 앉아 수행하면 맑은 청주가 된다고 한다. 응시와 관찰 덕분에 알게 된 사실이다. 흔들면 탁주요, 가만 놔두면 술지게미는 가라앉고 맑은 술이 된다. 그러니 맑은 심신을 유지하려면 우리 인간도 고요히 가라앉을 고요한 수행이 필요하다고 말한다. 대부분의 시편들이 이처럼 시를 통해 사유하는 모습을 보여준다.

시「벌판의 건축학」을 보면 사자가 가젤을 잡는 장면이 나온다. 사자는 바람을 등지고 있다. 사자는 바람을 이용한다. 사자가 가젤을 잡는 것은 바람이 판을 짠 것이다. 사자 냄새를 맡으면 가젤은 도망가고 사냥은 실패한다. 그래서 초원에 숨어 있는 바람은 사자의 편에서 사자를 도와주곤 한다. 바람의 도움으로 사자는 사냥에 성공한다. 초원의 사냥 원리는 곧 생명의 원리다.

내가 바람을 사랑하는 줄은
바람이 나를 만져볼 때까지 몰랐다
옥상 위에서 바람의 손끝은
내 몸 잎새의 뒷면까지 섬세히 만지며
숨겨진 여린 곳을 가만히 헤아렸다
겨울과 봄 사이
바람을 따라 진달래 산을 오르니
산은 아직 채색되지 않은 밑그림
검댕 묻은 연필선이 드러나 있고
바람은 수채화를 배우듯
조심스런 붓질로 숲을 물들인다
속이 훤히 비치는 어항 같은 숲
바람의 붓은 마술이어서
지나고 나면 색들이 피어나
이내 눈부신 계절의 그림이 완성되리라
새가 겨울숲에서 미리 나무를 골라
오는 계절 깊이 둥지를 마련하듯
나 또한 바람이 그리는 숲에서
마음이 깃들 나무를 골라볼 일이다
겨울을 견딘 자만이
다가올 녹음의 깊이를 알기에
바람의 붓질을 기다리는 동안
나는 조용히 철학자가 된다

「바람의 붓질」 전문

바람은 내 몸 잎새의 뒷면까지 섬세하게 만지며, 숨겨진 여린 곳을 가만히 헤아리는 존재다. 바람이 산을 만지면 진달래가 피어난다. 바람이 화가가 되어 붓질을 하면 온 세상은 온갖 색깔의 향연이 펼쳐진다. 바람은 숲을 그리고 그 안에 나무를 그린다. 바람이 불어 숲이 흔들리면 초록의 깊이를 헤아려 색칠하는 존재는 바람이다. 세상에 바람 아닌 말이 없다고 시인은 말한다. 따뜻한 마음 하나 품고 있다면 우리의 호흡마다 바람이 피어나 작은 로즈마리 꽃처럼 향기를 품을 것이라고 말한다. 시「밭 바람」을 보면 사월의 바람은 선생님이다. 바람은 하늘의 교과서를 펼치고 햇살 문장, 연둣빛 문장, 고추모 문법, 꽃잎의 문장부호 수업을 한다. 밭에 바람이 불면 밭의 수업 시간이다. 바람이 밭 수업, 땅 수업을 한다.

 바람은 자연의 가장 미묘한 요소 중 하나로, 우리의 삶에 깊은 영향을 미친다. 바람은 단순히 공기의 흐름을 넘어, 그 자체로 생명을 키우고, 다독이고, 수업을 하고, 그림을 그리는 존재가 된다. 바람은 시작, 희망, 순환, 활기, 에너지를 전달한다. 바람은 자연의 에너지다. 바람은 자연의 힘이다. 바람은 영혼의 이동이고, 소통의 방법이다.

 바람은 텃밭에도 불고, 숲속에서도 불지만, 자신의 삶 속에서도 불고 있다. 그것은 삶에 대한 허무감이 아니라 새로운 삶에 대한 의욕이다. 바람이 부는 곳에는 생명력이 느껴진다. 그래서 시적 화자는「바람 이후」

까지 노래한다. 「바람 이후」라는 시를 보면, 너의 바람이 나의 바람을 데리고 떠났고, 남은 우리는 우체국 앞을 맴돌다 어느 집 하루로 슬며시 배달되었다고 한다. 바람이 불면 흔들리고, 꺾이고, 아픈 곳은 더 아프다. 생채기도 난다. 바람은 시련을 주기도 한다. 그러나 바람은 언젠가 멈춘다. 그러면 시련도 아픔도 아물기 시작한다. 바람은 떠났다. 세상은 조용히 제자리를 찾는다. 우리는 다시 삶의 의욕을 서서히 회복하고 서로에게 배달된다.

● 흙과 교감하는 시편들

시인은 이 세상에서 가장 아름다운 발걸음을 지녔다. 작물에게 가장 좋은 거름은 바로 주인의 발걸음이기 때문이다.

> 농사는 씨앗부터 시작되지 않는다
> 농부는 먼저 흙과 인사를 나눈다
> 손바닥으로 눌러보고
> 한 줌 쥐어보고
> 그 안에 숨 쉬는 생명들의 기척을 듣는다
> 쿠바의 농부는 채소보다 먼저 흙을 내민다
> 벌레가 물고 간 잎과
> 지렁이가 지나간 터널이 말을 건다
> 욕심 많은 손이 거름을 부으면

흙은 숨이 막혀 썩는다
말 못하는 흙이 먼저 아프다
영양이 지나쳐도, 모자라도
뿌리는 길을 잃는다
그래서 농부는 기다린다
비가 스미고, 햇살이 누르고,
작은 생명들이 드나드는 길이 날 때까지
좋은 흙은 조용히 살아 있다
그러나 깊다
농부는 그 깊이를 믿고
그 위에 계절을 올린다

「흙에게 말을 걸다」 전문

공자는 "대지의 덕을 흙에 비유하니 하늘은 만물을 낳고 흙은 만물을 기른다"라고 했다. 흙은 받아들이고 내주는 것 사이에 경계를 두지 않는다. 봄에 씨앗을 품고 가을에 열매를 내어주는 행위 자체가 흙의 본질이다. '무소유'를 말한 법정 스님은 흙의 이 같은 속성을 인간의 삶으로 끌어왔다. "가지면 아집이 생기고, 주면 마음이 가벼워진다"라는 가르침은 흙이 보여주는 생명의 순환 법칙과 궤를 같이한다. 박석우 시인은 농부 시인이다. 농부는 늘 흙과 인사를 나눈다. 손바닥으로, 발바닥으로 흙의 기척을 느낀다. 좋은 흙은 작은 생명들이 무수히 드나든다. 농부들은 좋은 흙을 만들기 위해 부단히 노력한다. 그래서 늘 발아래서 미세하게 떨리고 있는 흙의 숨소리에 귀를 기울이고, 손바닥으로 흙을 쥐어보고 흙의 상태를 살핀다. 시 「살게야」를 보면 흙의 소생 능력을 보여준다. 들깨 모종을 심으시며 어머니는 손끝에 흙을 적시고는 "흙냄새 맡았으니 살게야."라고 말한다. 모종을 할 때 모종이 밭내음, 흙내음, 땅내를 맡으면 시들시들 죽다가도 다시 살아난다. 그게 흙의 소생 능력이다. 흙은 생명을 살린다.

「농막은 작은 앰프」라는 시는 박석우 시인의 철학적 항로를 유감없이 보여주는 시다. 박석우 시인은 텃밭에 6평짜리 작은 농막을 지었다. 그 작고 조용한 농막은 그만의 '작은 세계'였다. 농막은 물리적인 자연이 아니라, 인간 본연의 순수한 상태를 갈망하는 특별한 장소다. 햇살과 교감하고, 노을과 대화를 나누고, 풀벌레와 함께 연주를 하고, 풀벌레와 바람과 별빛과 밤을 새우며 속삭이고 노래를 부르는 공간이다. 농막은 동서남북이 하나로 열린 무대. 함께 주인공이 되고, 연주자가 되고, 관객이 된다. 텃밭에는 감자, 고구마, 더덕, 옥수수, 호박, 토란, 참외, 수박, 토마토, 호두나무가 자란다. 작물과 함께 악기를 연주하고, 시를 쓰고, 수필을 쓰고, 그림을 그리고, 소설을 쓴다. 농작물은 모두 시인이고, 소설가이며, 음악가이며, 화가다. 그림쟁이다. 텃밭에 곤충과 식물과 사람이라는 예술가가 바글바글하다. 텃밭 옆에는 작은 연못이 있다. 고래통 고무다라 둥근 연못에는 흰 수련, 물배추, 개구리밥, 맹꽁이, 참개구리, 부레옥잠이 어울려 노래를 부른다. 그러면 이웃집 류 선생님, 조 선생님, 아내가 다가와 하모니카, 우쿨렐레를 연주한다.

● 세월과 교감하는 시편들

 부모도 늙지만, 자식도 늙는다. 부모를 봉양하다 보면 자식도 늙는다. 박석우 시인의 시 속에는 늙으신 노모가 자주 등장한다. 그리고 인근에 요양원도 들어선 모양이다. 노인들은 그곳을 죽음 대기소라고 불렀다. (시 「후송된 미래」에서) 요양원은 요양이 아니라 인생길의 마지막 기착지다. 노인들은 요양원에서 요양병원으로, 그리고 장례식장으로 이어진 컨베이어벨트에 실려 한 줄씩 수거되는 존재가 된다. 그것이 이승을 마감하고 저승으로 가는 삶의 마지막 방식이다.
 육신이 고장 나 기능이 저하되면 그 이후의 삶이란 인간이 절멸된 세계 속에서 살아가는 것이다. 세월의 바퀴는 오늘 하루도 어김없이 감기고 있다. '젊다'는 형용사이지만, '늙다'는 동사에 해당한다. 「체크인」이라는 시를 보자. 몸이 고장나면 몸을 체크해야 하고, 약을 복용해야 하고, 진료와 치료를 받아야 한다. 혈당 체크, 혈압 체크, 노을빛도 확인, 자전거 바퀴도 살피고, 농막 수도꼭지도 살피고, 농막의 삐걱이는 것들 조여야 한다. 부고장이 날리기 전까지 건강을 체크해야 한다. 초고령 사회로 진입하면서 본인이 자신의 삶을 주체적으로 감당하지 못하는 시간이 7만 시간이 넘는단다. 타인의 보살핌을 받아야 사는 7만 시간은 주체적이지 못한 삶, 잉여의 시간이라고나 할까?

젊음이 물러난 자리에
섬처럼 고요히 떠오른 무늬
눈가와 입가에
물결처럼 얹혀 있었다
마치
오래된 나무의 속살처럼
해마다 조금씩,
햇빛과 바람을 견디며
살아낸 날들이 쌓여
그 무늬가 되었다
주름살은
시간이 남긴 흉터가 아니라
처음부터 우리 안에 숨어 있던 것
젊음은 그걸 잠시 덮고 있었을 뿐
나이 든다는 건
잊고 있던 선들을
하나씩 꺼내어
얼굴 위에 그려내는 일
그렇게 우리는

조금씩 본래의 얼굴로
돌아가는 중이다

「주름의 나이테」 전문

 부모님도 늙어가지만, 자식도 늙어가는 중이다. 박석우 시인도 자신의 아름다운 노년을 고민하기 시작했다. 자신의 몸이 약해지기 시작할 때, 그 사실이 자꾸 마음 쓰일 때, 갑자기 충격적인 병이 찾아왔을 때, 나이 드는 것에 감사할 수 있을까? 기쁨과 허무감 중에 어떤 면에 더 기대는 노년일까? 젊음이 물러난 자리에 주름의 나이테가 자리 잡는다. 눈가와 입가에 가장 많은 주름이 자리 잡는다. 주름은 아름다운 무늬일까? 박석우 시인은 주름을 섬처럼 고요히 떠오른 무늬라고 말한다. 주름은 시간이 남긴 흉터가 아니라 처음부터 우리 안에 숨어 있던 것이라고 말한다. 젊음이 그걸 잠시 덮고 있었을 뿐이라고 말한다. 이미 수많은 주름의 선을 가지고 태어났으며, 주름의 선을 숨기며 살아왔다가 나이가 들면서 주름 하나씩 얼굴에 드러내는 것이란다.

 「달빛 아래 부른 이름」은 86세에 돌아가신 삼촌에 대한 시편이다. 삼촌은 평생 독신으로 사셨고, 하모니카를 잘 부셨나 보다. 달빛을 유난히 좋아했나 보다. "석우야 석우야, 달빛이 아름다워. 그걸 함께 나누고 싶어."라고 말하며 박석우 시인을 깨우곤 했던 삼촌.

함께 말없이 달의 숨을 들이켜면서 가장 고요한 대화를 나누었던 사람. 삼촌은 늘 가난했고, 늘 외로웠지만 그의 영혼은 언제나 맑은 음 하나였다. 그리하여 달밤에 함께 고요한 달의 숨소리를 듣던 기억을 시적 화자가 가질 수 있는 가장 밝은 기억이라고 말한다. 늙어가면서 가장 밝은 기억을 가질 수 있는 시적 화자라니!

● **자신과 교감하는 시편들**

박석우 시인은 법정 스님의 수필을 즐겨 읽나 보다. 그러면서 수필은 맑은 창으로 들어오는 바람 같은 것이어야 한다고 말한다. 문장이 아름다운 것은 언어를 쥔 손보다 먼저 마음을 씻은 사람이기에 그렇다는 것이다. 사람의 마음이 스스로 맑고 투명하다면 자연도 본래 스스로 맑아서 그 둘 사이에는 울타리조차 필요 없어진다는 것이다. (시 「법정의 수필을 읽으며」에서) 현실을 깊이 바라보되 흔들리지 않고 도덕과 영혼이 하나인 이의 손에서는 진짜로 맑은 글이 열린다는 것이다.

박석우 시인의 시골 텃밭과 농막은 헤테로토피아(heterotopia)다. 헤테로토피아는 미셸 푸코가 창안한 개념으로, 현실적 공간이면서 동시에 '모든 장소의 또 다른 바깥, 꿈, 죽음의 세계'로 통하는 비밀스럽고 아늑한 공간이다. 헤테로토피아는 사회 속 '다른 질서'가 작동하는 공간이다. 현실 안에 있지만, 우리가 익숙한

규칙과는 다르게 움직이는, 경계적이고 이질적인 공간을 말한다. 그래서 박석우 시인의 첫 시집은 사색의 시집이다. 바람과 교감하는 시편들, 흙과 교감하는 시편들, 세월과 교감하는 시편들이 모두 자기 자신과 교감하는 시편들이다. 그는 유기체적인 세계관을 지니고 있다. 화자 자신의 생명 현상은 귀뚜라미, 매미, 여치 방아깨비, 메뚜기, 옥수수, 감자의 생명체와 유기적으로 연결되어 있다. 풀이나 바람, 흙, 햇빛과도 연결되어 있다. 시적 화자는 촉촉한 터치를 한다. 마치 붓으로 수채화를 그리듯이 촉촉한 터치를 한다. 곧 자신과 교감하는 것이다.

    산책과 사색은 고요를 지향한다. '조용히'라는 시어가 여러 번 등장한다. 가장 많이 등장하는 시어가 시집 전체를 관통하는 핵심어라고 볼 수 있다. '좋은 흙은 조용히 살아 있다', '못 본 척 조용히 돌아섰다', '어둠은 조용히 객석이 된다', '조용한 인산인해', '그 작고 조용한 집', '마음은 텃밭처럼 조용히 익어간다', '토란은 조용히 나를 살리고 있었다', '빗방울을 조용히 품 안으로 슥삭 감춘다', 응시와 사색의 시간이 조용히 지나간다. 그 순간 박석우 시인은 '조용히 철학자가 된다.'(시 「바람의 붓질」에서)